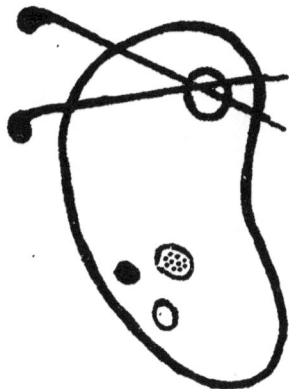

Couvertures supérieure et inférieure en couleur

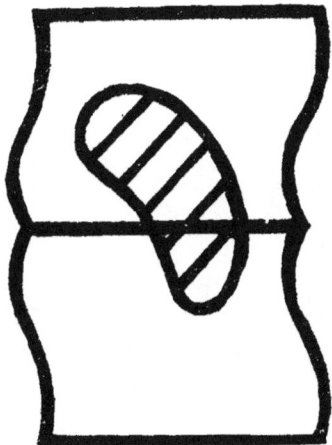

Illisibilité partielle

VALABLE POUR TOUT OU PARTIE DU
DOCUMENT REPRODUIT

CONTES
ET
NOUVELLES
DE
MARGUERITE
DE VALOIS,
REINE DE NAVARRE,

Faifant fuite aux Contes de J. Bocace.

TOME PREMIER.

A LONDRES.

M. DCC. LXXXIV.

TABLE

Des Contes contenus dans le Tome premier.

TABLE.

Fin de la Table du Tome premier.

CONTES

DE LA

REINE DE NAVARRE.

INTRODUCTION

DE L'AUTEUR.

LE premier jour de Septembre, que les bains des monts Pyrenées commencent d'avoir de la vertu, plusieurs personnes, tant de France, d'Espagne que d'ailleurs, se trouverent à ceux de Cauldere s, les uns pour boire des eaux, les autres pour s'y baigner,

& les autres pour prendre de la boue; choſes ſi merveilleuſes, que les malades abandonnés des Médecins s'en retournent guéris. Ma prétention n'eſt pas de vous parler ni de la ſituation, ni de la vertu des bains, mais ſeulement de raconter ce qui ſert à la matiere que je veux écrire. Les malades demeurerent à ces bains-là, juſqu'à ce que par leur amendement ils reconnurent qu'ils pouvoient s'en retourner. Mais vers le temps de ce retour vinrent des pluies ſi exceſſives & ſi extraordinaires, qu'il ſembloit que Dieu eût oublié la promeſſe qu'il avoit faite à Noé de ne détruire plus le monde par eau. Les maiſons de Caulderets furent ſi remplies d'eau, qu'il fut impoſſible d'y demeurer. Ceux

qui étoient venus d'Espagne s'en re-
tournerent par les montagnes du
mieux qu'il leur fut possible, & ceux
qui savoient les chemins furent ceux
qui se tirerent le mieux d'affaire. Mais
les François pensant s'en retourner à
Therbes aussi facilement qu'ils en
étoient venus, trouverent les petits
ruisseaux si enflés, qu'à peine purent-
ils les passer à gué. Mais quand il
fallut passer le Gave Béarnois, qui
en allant n'avoit pas deux pieds de
profondeur, il se trouva si grand &
si impétueux, qu'ils furent obligés de
se détourner pour aller chercher des
ponts : mais comme ces ponts n'étoient
que de bois, ils furent emportés par
la violence de l'eau. Quelques-uns se
mirent en devoir de rompre la véhé-

mence du cours pour se joindre plusieurs de compagnie ; mais ils furent
emportés avec tant de rapidité, que
les autres n'eurent pas envie de les
suivre. Ils se séparerent donc, ou pour
chercher un autre chemin, ou parce
qu'ils ne se trouverent pas de même
avis. Les uns traverserent les montagnes, & passant par l'Arragon vinrent dans la Comté de Roussillon, &
delà à Narbonne : les autres s'en allerent droit à Barcelone, & passerent
par mer, les uns à Marseille, les autres à Aigues-Mortes. Une veuve de
longue expérience nommée Oysille,
résolut de bannir de son esprit la
crainte des mauvais chemins, & se
rendit à Notre-Dame de Serrance,
persuadée que s'il y avoit moyen d'é-

chapper d'un danger , les Moines
dévoient le trouver. Elle eut des peines infinies ; mais enfin elle y arriva ,
après avoir paffé par dés lieux pref-
que impraticables , & fi difficiles à
monter & à defcendre , que nonobftant fon grand âge & fa pefanteur ,
elle fut contrainte de faire la plus
grande partie du chemin à pied. Mais
la pitié fut que la plupart de fes gens
& de fes chevaux moururent en chemin , & qu'avec un homme & une
femme feulement elle arriva à Serrance , où elle fut reçue des Religieux avec beaucoup de charité.

Il y avoit aufli parmi les François
deux Gentilshommes qui étoient allés
aux bains, plus pour accompagner les
Dames qu'ils aimoient , que pour le

befoin qu'ils avoient de fe baigner. Ces Gentilshommes voyant que la compagnie partoit , & que les maris de leurs maitreffes les emmenoient féparément , jugerent à propos de les fuivre de loin fans s'en ouvrir à perfonne. Les deux Gentilshommes mariés étant un foir arrivés avec leurs femmes chez un homme plus bandit que payfan , les deux jeunes Gentilshommes qui s'étoient logés à une borderie tout proche , entendant un grand bruit vers le minuit , fe leverent avec leurs valets , & demanderent à leur hôte ce que c'étoit que ce tumulte. Le pauvre homme qui n'étoit pas fans peur , leur dit que c'étoit des garnemens qui venoient partager la proie qui étoit chez le bandit leur voisin. Les Gentilshommes prirent incontinent leurs armes, & coururent avec leurs valets au secours des Dames, s'estimant beaucoup plus heureux de mourir avec elles, que de vivre sans elles. En arrivant chez le bandit, ils trouverent la premiere porte rompue, & les deux Gentilshommes & leurs femmes se défendant vigoureusement. Mais comme le nombre des bandits étoit le plus grand, & que les Gentilshommes mariés étoient fort blessés, & avoient déjà perdu une bonne partie de leurs valets, ils commencerent à prendre le parti de se retirer. Les Amans mettant la tête aux fenêtres, virent les deux Dames pleurant & criant si fort, que la pitié & l'amour leur inspirant un nouveau courage , ils fe jetterent fur les bandits comme deux ours enragés qui defcendent des montagnes, & frapperent avec tant de fureur,qu'un grand nombre des bandits étant déjà fur le carreau , le refte lâcha le pied , & fe retira en lieu qui ne lui étoit pas inconnu. Les Gentilshommes ayant défait ces garnemens dont l'hôte étoit l'un des morts , & ayant appris que l'hôteffe valoit encore moins que fon mari , l'envoyerent après lui par un coup d'épée , & étant entrés dans une chambre baffe , ils trouverent un des Gentilshommes mariés qui rendoit l'efprit. L'autre n'avoit point eu de mal , & en avoit été quitte pour fes habits percés & pour fon épée rompue. Le Gentilhomme voyant le secours que ces deux lui avoient donné, après les avoir embrassés & remerciés, les pria de ne le point abandonner ; ce qu'ils lui accorderent bien volontiers. Après avoir fait enterrer le mort, & consolé sa femme du mieux qu'ils purent, ils partirent sous les auspices de la Providence, ne sachant où ils alloient.

Si vous voulez savoir le nom des trois Gentilshommes ; le marié se nommoit Hircan, & sa femme Parlamente. La veuve avoit nom Longarine : l'un des jeunes Gentilshommes s'appelloit Dagoucin, & l'autre Saffredant. Ils furent à cheval toute la journée, & découvrirent sur le soir un clocher où ils se rendirent du mieux qu'ils purent, non sans travail

& fans peine. L'Abbé & les Moines les reçurent humainement. L'Abbaye fe nomme faint Savin. L'Abbé qui étoit de fort bonne maifon les logea honorablement dans fon appartement, & les pria de lui raconter leurs aventures. Après lui en avoir fait le récit, il leur dit , qu'ils n'étoient pas les feuls infortunés , & qu'il y avoit dans une autre chambre deux Demoifelles qui avoient eu pareille ou plus fâcheufe deftinée. Les hommes , ajouta l'Abbé , ont encore quelque compaffion , mais les bêtes n'en ont point : Et ces pauvres Dames à demi-lieue en deçà de Peyrchite ont rencontré un ours qui defcendoit de la montagne, & ont pris la fuite à toute bride , en forte que leurs chevaux font tombés

morts fous elles en entrant ici. Deux
de leurs femmes arrivées long-temps
après elles, leur ont appris que l'ours
avoit tué tous leurs domestiques. Les
deux Dames & les trois Gentilshommes entrerent ensuite dans la chambre des Demoiselles. Ils les trouverent pleurant, & virent que c'étoit
Nomerfite & Emarsuite. Ils s'embraf-
ferent les uns les autres, & après s'être
conté leurs aventures, ils commencerent à se consoler par les sages ex-
hortations du bon Abbé, comptant
pour beaucoup de s'être si heureusement retrouvés. Le lendemain ils entendirent la Messe avec beaucoup de
dévotion, & rendirent graces à Dieu
des périls dont il les avoit délivrés.

étoit à la Meffe, on vit entrer dans
l'Eglife un homme en chemife, fuyant
comme fi quelqu'un l'eût pourfuivi,
& criant au fecours. Hircan & les
autres Gentilshommes allerent d'abord
à lui pour voir ce que c'étoit, & virent deux hommes qui le fuivòient
l'épée à la main. Ceux-ci voyant tant
de gens, voulurent prendre la fuite;
mais Hircan & fa compagnie les fui-
virent de fi près, qu'ils y laifferent
la vie. Hircan de retour, il fe trouva que l'homme en chemife étoit un
de leurs compagnons nommé Guebron. Il leur conta comme étant à
une borderie près de Peyrchite, il étoit
arrivé trois hommes qui l'avoient pris
au lit; qu'il avoit fauté en chemife
à fon épée, & bleffé tellement un

d'eux, qu'il avoit demeuré fur la place ; que tandis que les deux autres
étoient occupés à fecourir leur compagnon, Guebron fe voyant un contre deux, lui nud & eux armés, crut
que le plus fûr étoit de chercher fon
falut dans la fuite, d'autant mieux
que fes habits ne l'empêchoient point
de fuir. Il loua Dieu de fa délivran-
ce, & remercia ceux qui l'avoient
vengé de fon ennemi. Après qu'on eut
entendu la Meffe & dîné, ils envoyerent voir fi l'on ne pourroit póint paffer la riviere de Gave. Voyant donc
qu'il étoit impoffible de paffer, ils furent fort confternés, quoique l'Abbé
les priât plufieurs fois de demeurer
chez lui jufqu'à ce que les eaux fuffent baiffées ; ce qu'ils ne voulurent

jamais promettre que pour ce jour-là.

Sur le soir comme on alloit se coucher, il arriva un vieux Moine qui venoit réguliérement tous les ans à Serrance à la Notre-Dame de Septembre. On lui demanda des nouvelles de son voyage. Il dit qu'à cause des grosses eaux il étoit venu par les montagnes, & avoit passé par les plus mauvais chemins qu'il eût jamais vu : mais qu'il avoit vu quelque chose de bien triste, c'est qu'il avoit rencontré un Gentilhomme nommé Simontault, lequel ennuyé du long débordement de la riviere, avoit résolu d'en tenter le passage comptant sur la bonté de son cheval, & avoit fait mettre ses domestiques autour de lui pour rompre l'eau ; mais qu'étant au gros courant , les plus mal montés avoient été emportés & n'étoient plus revenus. Le Gentilhomme voyant l'accident arrivé aux siens , se mit en devoir de regagner le rivage d'où il étoit parti. Son cheval , tout bon qu'il étoit, lui manqua au besoin : mais heureusement cela arriva si près du rivage , que le Cavalier , non sans boire beaucoup d'eau , se trainant à quatre pieds , se rendit enfin sur les cailloux , mais si las & si épuisé, qu'à peine pouvoit-il se soutenir.

Un berger qui remenoit le soir ses brebis aux champs , le trouva assis sur les pierres tout mouillé , & non moins triste des gens qu'il avoit vu périr , que d'avoir pensé périr lui-même. Le berger qui comprit sa nécessité & à le

voir & à l'entendre, le prit par la
main, & le mena à sa cabane, où il
fit un petit feu, & le sécha du mieux
qu'il put. Le soir même la Providence
mena à la cabane le vieux Religieux
qui lui enseigna le chemin de Notre-
Dame de Serrance, & l'assura qu'il
y seroit mieux logé qu'ailleurs, & y
trouveroit une veuve nommée Oysille, à laquelle il étoit arrivé une aventure aussi fâcheuse que la sienne. La
compagnie témoigna une joie extrême
au nom d'Oysille & de Simontault,
& tout le monde loua Dieu de ce
qu'il avoit sauvé les maîtres après la
perte des serviteurs. Parlamente en
eut une joie particuliere, car elle avoit
eu autrefois de l'estime pour Simontault. Ils s'enquirent avec soin du chemin

min de Serrance , & quoique le vieillard le leur fît fort difficile , ils ne
laiſſerent pas de partir dès le jour même , ſi bien pourvus de toutes les choſes néceſſaires , qu'ils n'avoient plus
rien à déſirer. L'Abbé leur fournit les
meilleurs chevaux qui fuſſent en La-
vedan , de bonnes capes de Béarn ,
force vivres , & bonne eſcorte pour
les mener ſûrement au travers des
montagnes. On les paſſa plus à pied
qu'à cheval , & l'on arriva enfin
après bien des peines & des travaux
à Notre-Dame de Serrance. Quoique
l'Abbé fût d'aſſez mauvaiſe compoſi-
tion , il n'oſa refuſer de les loger ,
craignant de déſobliger le Seigneur
de Béarn, duquel il ſavoit qu'ils étoient
conſidérés. Il leur fit donc le meilleur

Tome I.   **B**

visage qu'il put, & les mena voir la dame Oysille & le Gentilhomme Simontault. Chacun eut également de la joie de se voir ainsi miraculeusement rassemblés, & la nuit se passa à louer Dieu de la grace qu'il leur avoit faite. Après avoir pris vers le matin un peu de repos, ils allerent entendre la Messe, & recevoir le Saint Sacrement d'union, par le moyen duquel tous les Chrétiens sont unis en un, demandant à Dieu, qui les avoit rassemblés par sa bonté, la grace d'achever leur voyage à sa gloire.

Après dîné l'on envoya savoir si les eaux avoient baissé; mais trouvant au contraire qu'elles étoient plus hautes, & qu'ils ne sauroient de long-temps passer sûrement, ils réfolurent de faire faire un pont fur le bout de deux rochers fort proches l'un de l'autre, & où il y a encore des planches fur lefquelles paffent les gens de pied, qui venant de Cleron ne veulent pas paffer par le Gave. L'Abbé, bien-aife qu'ils fiffent une dépenfe qui augmenteroit le nombre des pélerins, leur fournit des ouvriers; mais il étoit fi avare qu'il n'y voulut pas mettre un denier du fien. Mais les ouvriers ayant déclaré qu'il falloit du moins dix à douze jours à faire le pont, la compagnie commença de s'ennuyer. Parlamente femme de Hircan, toujours active & jamais mélancolique, ayant demandé permiffion à fon mari de parler, dit à Madame Oyfille : Je m'étonne,

Madame, que l'âge vous ayant acquis tant d'expérience, que de l'heure qu'il est, vous tenez lieu de mere aux femmes ; je m'étonne, dis-je, que vous n'imaginiez quelque divertissement pour adoucir le chagrin que nous va causer un si long séjour; car à moins que nous ne nous occupions à quelque chose d'agréable & de vertueux, nous courons risque de tomber malades. Longarine la jeune veuve ajouta à cela : Le pis est encore que nous deviendrons fâcheuses, qui est une maladie incurable; d'autant plutôt qu'il n'y a personne de nous qui n'ait sujet d'être extrêmement triste. Chacune n'a pas perdu son mari comme vous, répondit Emarsuitte en riant. Pour avoir perdu des

Domeſtiques, il n'y a pas lieu à ſe
déſeſpérer, puiſqu'on peut aiſément
les remplacer. Cependant je ſuis bien
d'avis que nous paſſions le temps le
plus agréablement que nous pourrons. Nomerſide ſa compagne dit,
que c'étoit fort bien penſé ; & que ſi
elle paſſoit un jour ſans divertiſſement, elle ſeroit morte le lendemain.
Les Gentilshommes trouverent la
choſe de leur goût, & prierent la
Dame Oyſille d'ordonner de ce qu'il
y avoit à faire.

Vous me demandez une choſe,
mes enfans, répondit la vieille Dame,
que je trouve fort difficile. Vous voulez que j'invente un divertiſſement
qui chaſſe vos ennuis. C'eſt un remede que j'ai cherché toute ma vie,

& n'en ai jamais trouvé qu'un, qui est la lecture des saintes Lettres. C'est dans cette lecture que l'esprit trouve sa vraie & parfaite joie; & c'est de cette joie de l'esprit que procédent le repos & la santé du corps. Si vous me demandez ce que je fais pour être si gaie & si saine dans un âge si avancé, je vous dirai qu'aussi-tôt que je suis levée je lis la sainte Ecriture. Je vois & je contemple la volonté de Dieu, qui a envoyé son Fils en terre pour nous prêcher cette sainte Parole, & nous annoncer cette bonne nouvelle, qui nous promet de nous pardonner nos péchés, & de payer nos dettes, en nous donnant son Fils, qui nous a aimé, qui a souffert, & est enfin mort pour nous. Cette idée me donne tant

de joie, que je prends mon Pfau-
tier, & chante de cœur & prononce
de bouche le plus humblement qu'il
m'eft poffible, les beaux Cantiques
que le Saint-Efprit a infpiré à David
& aux autres Auteurs facrés. Le plaifir que j'en reçois me ravit tellement,
que je regarde comme des biens les
maux qui m'arrivent tous les jours,
parce que j'ai dans le cœur par la foi,
celui qui a fouffert tous ces maux
pour moi. Avant foupé, je me retire
pareillement pour donner quelque
leçon à mon ame. Le foir, je fais la
revûe de tout ce que j'ai fait durant
la journée : je demande pardon de
mes fautes; je remercie Dieu de fes
graces, & me couche en fon amour,
en fa crainte & en fa paix, l'efprit

B 3

dégagé de toute crainte. Voilà, mes enfans, quel a été depuis long-temps mon divertiſſement. Après avoir bien cherché, je n'en ai point trouvé de plus ſolide & de plus ſatisfaiſant. Il me ſemble donc que ſi vous voulez vous donner tous les matins une heure à la lecture, & faire vos oraiſons dévotement durant la Meſſe, vous trouverez dans cette ſolitude les charmes qui peuvent être dans toutes les villes. En effet, qui connoît Dieu, trouve toutes choſes belles en lui ; & ſans lui, tout eſt laid & déſagréable. Ainſi je vous prie de me croire, ſi vous voulez trouver des agrémens dans la vie.

Hircan prit la parole & dit : Ceux qui ont lû la ſainte Ecriture, comme

je crois que nous avons fait, confef-
feront, Madame, que ce que vous
dites eft vrai ; mais il faut auffi que
vous confidériez que nous ne fommes pas encore fi mortifiés, que nous
n'ayons befoin de quelque divertiffement & exercice corporel. Quand
nous fommes chez nous, nous avons
la chaffe qui nous fait oublier mille
folles penfées. Les Dames ont leur
ménage & leurs ouvrages ; quelque-
fois même la danfe , qui font des
exercices honnêtes. Ainfi je fuis d'avis
pour ce qui regarde les hommes, que
vous, comme la plus ancienne, nous
lifiez le matin l'Hiftoire de la vie de
Notre-Seigneur Jefus-Chrift , & de
ce qu'il a fait pour nous de grand &
d'admirable. Après le dîné jufqu'à

Vêpres, il faut choisir quelque passe-temps qui ne soit pas préjudiciable à l'ame, & qui soit agréable au corps, c'est le moyen de passer gaiement la journée. La Dame Oysille répondit qu'elle avoit tant de peine d'oublier les vanités, qu'elle craignoit de mal réussir dans le choix d'un pareil passe-temps, & qu'il falloit renvoyer la chose à la pluralité des voix; & vous, Monsieur, dit-elle, parlant à Hircan, vous opinerez s'il vous plaît le premier.

Pour moi, répondit Hircan, si je croyois que le passe-temps que je voudrois choisir, fût aussi agréable à quelqu'une de la compagnie qu'à moi, mon avis seroit bien-tôt dit; mais comme je crains que cela ne fût

pas, je vous déclare que je n'ai rien
à dire, & que je m'en rapporte à ce
que les autres diront. Ce difcours fit
rougir fa femme Parlemente, parce
qu'elle crut qu'il s'adreffoit à elle.
Peut-être, Hircan, répondit-elle un
peu en colere, & riant à demi, que
celle que vous croyez la plus difficile,
trouveroit fi elle vouloit de quoi fe
récompenfer; mais laiffons-là le paffe-
temps auquel deux feulement peuvent avoir part, & cherchons quelque chofe où tout le monde puiffe
entrer. Puifque ma femme a fi bien
compris ma penfée, dit alors Hircan
aux Dames, & qu'un divertiffement
particulier n'eft pas de fon goût; je
crois qu'elle inventera mieux que
perfonne un paffe-temps qui accom-

modera tout le monde : ainſi je déclare à l'avance que je fuis de ſon
ſentiment. Toute la compagnie en
dit autant.

Parlemente voyant qu'on la laiſſoit
maîtreſſe du jeu, leur dit. Si je me
ſentois autant de capacité que les
Anciens qui ont inventé les Arts,
j'imaginerois un divertiſſement qui
rempliroit l'obligation où vous me
mettez ; mais comme je me connois,
& que je ſais que j'ai de la peine à
me ſouvenir de ce qui s'eſt fait de
bon autrefois : je m'eſtimerai heureuſe, ſi je puis ſuivre de près ceux
qui ont déjà fait ce que vous ſouhai-
tez. Je crois qu'il n'y a perſonne de
vous qui n'ait lû les Nouvelles de
Bocace, nouvellement traduités en

françois. Le Roi très-Chrétien, François I du nom, Monſeigneur le Dauphin, Madame la Dauphine, & Madame Marguerite en ont fait tant de cas, que ſi Bocace avoit pu les entendre, les louanges que ces illuſtres perſonnes lui donnoient auroient dû le reſſuſciter. Je ſuis témoin que les deux Dames que je viens de nommer, & pluſieurs autres perſonnes de la Cour réſolurent d'imiter Bocace, ſi ce n'eſt en une choſe, qui eſt de n'écrire rien qui ne ſoit véritable. Monſeigneur & ces Dames arrêterent d'abord d'en faire chacun dix, d'aſſembler juſques à dix perſonnes, & de choiſir celles qu'ils croiroient les plus capables de conter avec grace, les gens de lettres préalablement ex-

clus, foit parce que Monfeigneur ne
voulut pas que l'art s'en mêlât, ou
qu'il craignît que les fleurs de rétho-
rique fuffent en quelque maniere
préjudiciables à la vérité de l'hiftoire;
mais les grandes affaires qui furvin-
rent depuis au Roi, la paix conclue
entre ce Prince & le Roi d'Angleterre, les couches de Madame la
Dauphine, & plufieurs autres chofes
dignes d'occuper toute la Cour, firent oublier ce deffein; mais comme
nous avons du temps de refte, nous
l'exécuterons en attendant que notre
pont foit achevé. Si vous le trouvez
bon, nous irons depuis midi jufqu'à
quatre heures dans ce beau pré, le
long de la riviere de Gave, où les
arbres font un couvert fi épais, que

le foleil ne fauroit le pénétrer , ni
nous incommoder par fa chaleur. Là
affis à notre aife, chacun contera ce
qu'il aura vû ou entendu dire à des
gens dignes de foi. Dix jours fuffiront
pour faire la centaine. Si Dieu veut
que notre travail foit trouvé digne
d'être vû des Seigneurs & Dames que
je viens de nommer , nous le leur
préfenterons à notre retour , & je fuis
perfuadée qu'un tel préfent ne leur
déplaira pas. Toutefois fi quelqu'un
trouve quelque chofe de plus agréable, je me rends à fon opinion.

Toute la compagnie répondit ,
qu'on ne pouvoit imaginer rien de
mieux, & chacun attendoit le lendemain avec impatience. Dès que le
matin fut venu , ils allerent tous à la

chambre de Madame Oyfille qu'ils
trouverent déjà en oraifon. Ils don-
nerent une bonne heure à fa lecture;
après cela, ils entendirent la Meffe,
& à dix heures ils allerent dîner.
Chacun enfuite fe retira dans fa
chambre, & y fit fes petites affaires.
A midi chacun ne manqua pas de fe
rendre au pré, qui étoit fi beau & fi
agréable, qu'il faudroit un Bocace
pour en dépeindre tous les charmes.
Il fuffit de dire qu'il n'y en eut jamais un pareil.

L'affemblée étant affife fur l'herbe
verte, fi molle & fi délicate, que
perfonne n'avoit befoin ni de carreau
ni de tapis : Qui fera celui de nous,
dit alors Simontault, qui comman-
dera aux autres ? Puifque vous en
avez

avez fait l'ouverture, répondit Hircan, il est juste de vous déférer le commandement ; car au jeu tout le monde est égal. Plût à Dieu, répliqua Simontault, que je n'eusse d'autre bien au monde que de pouvoir commander à une telle compagnie ! Parlamente qui comprit fort bien ce que cela vouloit dire, se mit à tousser. Hircan s'apperçut qu'elle avoit changé de couleur, & dit à Simontault qu'il commençât à conter, & qu'on l'écouteroit. Simontault sollicité par toute la compagnie dit : J'ai été si mal récompensé de mes longs services, Mesdames, que pour me venger de l'amour & de la Belle qui me traite avec tant de cruauté, je vais faire un recueil des pieces que

les femmes ont faites aux hommes; &
en tout cela je ne dirai que la pure
vérité.

PREMIER CONTE.

Une femme d'Alençon ayant deux amans, l'un pour le plaisir & l'autre pour le profit, fit tuer celui des deux qui s'apperçut le premier de ses galanteries, & obtint sa grace & celle de son mari qui étoit en fuite. Le mari pour sauver quelqu'argent, s'adressa depuis à un Négromancien. La chose fut découverte & punie.

Du vivant du dernier Duc Charles, il y avoit à Alençon un Procureur nommé St-Aignan, qui avoit épousé une femme du pays, plus belle que

vertueuse. Quoiqu'avec sa beauté elle
eût beaucoup de légéreté, elle ne laissa
pas d'être fort poursuivie d'un Prélat,
duquel par respect je tairai le nom.
Le Prélat, pour parvenir à ses fins,
sut si bien entretenir le mari, qu'il
ne s'apperçut ni du manége de sa femme, ni de celui du Prélat : bien loin
de s'en appercevoir, le Prélat fit si
bien, que le mari oublia l'attache-
ment qu'il avoit toujours eu pour ses
maîtres. Il passa tout d'un coup de la
fidélité à la perfidie, & en vint fina-
lement aux invocations pour faire
mourir la Duchesse. Le Prélat eut un
long commerce avec cette malheureuse femme, qui l'aimoit plutôt par
intérêt que par amour ; à quoi elle
étoit sollicitée par son mari. Mais elle

aimoit fi fort le fils du Lieutenant-
général d'Alençon, qu'elle en étoit
demi-folle. Elle fe fervoit fouvent du
Prélat pour faire donner commiffion
à fon mari, afin de pouvoir voir à fon
aife le fils du Lieutenant général. Ce
commerce dura long-temps, le Prélat
étant pour la bourfe de la belle, &
l'autre pour fon plaifir. Elle juroit à
ce dernier qu'elle ne recevoit bien le
Prélat, que pour pouvoir lui continuer fes careffes avec plus de liberté;
que quoi qu'elle fît, le Prélat n'avoit
eu que des paroles, & qu'il pouvoit
compter que perfonne que lui n'en
auroit jamais autre chofe. Un jour
que le mari dévoit aller chez le Prélat, elle lui demanda permiffion d'aller à la campagne, difant pour rai-

C 2

son que l'air de la ville ne lui étoit pas bon. Elle ne fut pas plutôt à sa métairie, qu'elle écrivit au fils du Lieutenant de ne manquer pas à la venir trouver vers les dix heures du soir. Le jeune homme n'avoit garde d'y manquer; mais en arrivant il trouva la servante qui avoit coutume de l'introduire, & qui lui dit: cherchez fortune ailleurs, Monsieur, car votre place est prise. Le galant s'imaginant que le mari fût venu, demanda à la servante comme tout alloit. Cette fille voyant un homme bien fait, jeune & honnête, ne put s'empêcher de voir avec pitié qu'il aimât si fort, & qu'il fût si peu aimé, & de lui apprendre le manége de sa maitresse, croyant qu'il se repentiroit de l'avoir tant ai-

mée, & ne l'aimeroit plus si éperdue-
ment. Elle lui dit que le Prélat ne faisoit que d'entrer, & qu'il étoit couché avec sa maitresse ; qu'elle avoit été
trompée, & qu'elle n'attendoit cette
visite que le lendemain ; mais que le
Prélat ayant retenu le mari chez lui,
s'étoit dérobé la nuit pour venir voir
la belle. Qui fut bien consterné, ce fut
le fils du Lieutenant qui ne le pouvoit
croire encore. Pour s'en éclaircir, il se
cacha dans une maison voisine, où il
demeura en sentinelle jusqu'à trois
heures après minuit. Il vit enfin sortir
le Prélat, qui n'étoit pas si bien dé-
guisé qu'il ne le reconnût mieux qu'il
n'auroit voulu. Il revint à Alençon
dans ce désespoir, & la belle y vint
aussi bientôt après. Comme elle ne

C 4

doutoit pas de le duper comme à l'ordinaire, elle ne manqua pas de lui
venir parler. Il lui dit d'abord d'un air
dédaigneux, qu'ayant touché aux choses sacrées, elle étoit trop sainte pour
parler à un pécheur comme lui, mais
un pécheur si repentant, qu'il espéroit que son péché lui seroit bientôt
pardonné. La belle surprise de se voir
découverte, & voyant que les excuses, les sermens & les promesses de
ne plus tomber dans la même faute,
ne servoient de rien, s'en plaignit à
son Prélat. Après avoir long-temps
délibéré, la belle vint dire à son mari
qu'elle ne pouvoit plus demeurer à
Alençon, parce que le fils du Lieutenant qu'il croyoit tant de ses amis,
la poursuivoit incessamment, & le

pria, pour prévenir tout foupçon, de prendre maifon à Argentan. Le mari, qui fe laiffoit mener, y confentit aifément.

Ils n'eurent pas demeuré quelques jours à Argentan, que cette malheureufe fit favoir au fils du Lieutenant, qu'il étoit le plus méchant de tous les hommes, & qu'elle n'ignoroit pas qu'il médifoit publiquement & d'elle & du Prélat, mais qu'elle pourroit trouver moyen de l'en faire repentir. Le jeune homme qui n'en avoit jamais parlé qu'à elle-même, & qui craignoit de fe brouiller avec le Prélat, monta à cheval, & s'en fut à Argentan, accompagné de deux valets feulement. Il trouva la belle aux Jacobins, où elle entendoit Vêpres. Je viens ici,

Madame, lui dit-il, pour vous pro-
tester devant Dieu, que je ne me suis
jamais plaint de vous qu'à vous-même. Vous m'avez fait un si vilain tour,
que je ne vous ai pas dit la moitié
des injures que vous méritez Mais
s'il y a quelqu'un qui dise que j'aie
mal parlé de vous, je suis ici pour
lui en donner le démenti devant vous.
Elle voyant qu'il y avoit beaucoup de
monde à l'Eglise, & qu'il étoit accompagné de deux bons hommes, se
fit violence, & lui parla le plus obli-
geamment qu'il lui fut possible. Elle
lui dit qu'elle ne doutoit point de la
vérité de ce qu'il disoit ; qu'elle le
croyoit trop honnête homme pour
dire du mal de qui que ce fût, & encore moins d'elle qui l'aimoit tant

jours ; mais que comme il en étoit
revenu quelque chofe à fon mari,
elle le prioit de vouloir dire devant
lui qu'il n'en avoit jamais parlé, &
qu'il n'en croyoit rien. Il y confentit
volontiers, & fe mit en devoir de lui
donner la main pour la conduire chez
elle ; mais elle le pria de ne la pas accompagner, de peur que fon mari ne
crût qu'elle lui eût fait fa leçon. En
difant cela, elle prit un de fes gens
à la manche, & dit : laiffez-moi celui-ci, & quand il fera temps, il viendra vous querir. Vous pouvez en attendant aller vous repofer à votre lo-
gis. Comme le Cavalier ne fe défioit
point de la confpiration, il fit fans
répugnance ce qu'on voulut. La belle
régala le valet qu'elle avoit retenu,

& le compere qui se trouvoit bien, lui demandoit souvent s'il n'étoit pas bientôt temps d'aller querir son maître? Elle lui répondit toujours qu'il viendroit assez tôt.

Minuit étant sonné, elle envoya sans bruit querir le galant par un de ses domestiques. Le Cavalier qui ne se défioit de rien, vint sans faire aucune difficulté, chez Saint-Aignan où étoit la belle avec le valet qu'elle avoit emmené, si bien qu'il n'en avoit qu'un autre avec lui. A l'entrée de la maison, le guide lui dit que sa maitresse voudroit bien l'entretenir avant qu'il parlât à son mari; qu'elle l'attendoit dans une chambre avec un seul valet, & qu'il feroit fort bien de renvoyer le sien; ce qu'il fit. En mon-

tant par un petit degré fort obſcur,
le Procureur qui avoit mis des gens
eu embuſcade, entendant le bruit,
demanda ce que c'étoit. On lui répondit que c'étoit un homme qui vouloit entrer chez lui en cachete. D'a-
bord un nommé Thomas Guerin,
aſſaſſin de profeſſion, & pour lors
aux gages du Procureur, ſe jetta ſur
le pauvre jeune homme, & lui donna
tant de coups d'épée, qu'enfin il tom-
ba mort. Le valet qui parloit à la de-
moiſelle, lui dit : j'ai entendu dans
le degré la voix de mon maître, je
vais à lui avec votre permiſſion. La
belle le retint, & lui dit : Ne vous
mettez pas en peine, il viendra aſſez
tôt. Peu de temps après, le valet entendant ſon maître crier : je ſuis mort,

mon Dieu aiez pitié de moi, voulut
aller à son secours ; mais elle le retint
encore, & lui dit : Ne vous inquiétez
point, mon mari l'a châtié de ses
fredaines. Allons voir ce que c'est. Ap-
puyée sur le bout du degré : Est-ce
fait, demanda-t-elle à son mari? Venez voir, répondit le mari. Vous êtes
vengée de celui qui vous a fait tant
de honte : & en disant cela, il donna
dix ou douze coups de poignard à un
homme qu'il n'auroit osé regarder de
travers durant sa vie. Après que l'affaire fut faite, & que les valets de
celui qu'on venoit d'assassiner eurent
pris la fuite pour en porter les nouvelles au pere, Saint-Aignan consi-
dérant que la chose alloit éclater, que
les valets du mort ne pouvoient pas

être reçus en témoignage , & que
personne n'avoit vu le fait que les
meurtriers , une vieille domestique ,
& une fille de quinze ans , voulut se
saisir de la vieille ; mais elle trouva
moyen d'échapper , & se sauva aux
Jacobins. Ce fut le meilleur témoin
que l'on eût de ce crime. La jeune
fille demeura quelques jours chez
Saint-Aignan ; mais ayant trouvé
moyen de la faire saborner par un
des assassins , elle fut conduite à Paris
dans un lieu scandaleux , pour empêcher qu'elle ne fût crue en témoignage. Pour ne rien laisser qui pût prou-
ver son crime , il brûla le corps , & les
os que le feu ne put consumer furent
mis dans du mortier , car il faisoit
alors bâtir. Tout cela ne fut pas plû-

tôt fait, qu'il envoya à la Cour demander fa grace, & expofa qu'ayant fu que le mort cherchoit à déshonorer fa femme, il lui avoit fouvent fait défendre fa maifon ; que nonobftant cette défenfe, il étoit venu de nuit en lieu fufpeƈt pour parler à elle, & que l'ayant trouvé à la porte de la chambre de fa femme, il l'avoit tué avec plus de colere que de raifon. Mais quelque diligence qu'il eût faite pour faire expédier fes lettres de grace à la Chancellerie, le Duc & la Duchefle, avertis par le pere de ce qui venoit d'arriver, firent informer M. le Chancelier de la vérité du fait, & empêcherent que Saint-Aignan n'obtînt ce qu'il demandoit. Le malheureux voyant cela, s'enfuit en Angle-

terre

terre avec fa femme & plufieurs de
fes parens. Avant que de partir , il
dit à l'homicide dont il s'étoit fervi,
qu'il avoit ordre exprès du Roi de
l'arrêter & de le faire mourir ; mais
qu'en confidération du fervice qu'il
lui avoit rendu , il vouloit lui fauver
la vie. Il lui donna dix écus pour s'en
aller hors du royaume , & on n'a pas
entendu parler depuis. Cependant le
meurtre fut fi bien vérifié tant par les
valets du mort, que par la fervante
qui s'étoit retirée aux Jacobins , &
par les os qui furent trouvés dans
le mortier, que le procès fut fait &
parfait en l'abfence de Saint-Aignan
& de fa femme, qui furent condam-
nés à mort par contumace, leurs biens
confifqués au Prince , & quinze cens

écus au pere pour les frais du procès.

Saint-Aignan étant en Angleterre, & se voyant condamné à mort en France, sut si bien gagner par ses services la bienveillance de plusieurs grands Seigneurs, & fit agir si utilement les parens de sa femme, que le Roi d'Angleterre pria le Roi de lui faire grace , & de le rétablir en ses biens & honneurs. Le Roi ayant été informé de la noirceur de cette affaire , envoya le procès au Roi d'Angleterre , & le pria de considérer si c'étoit un crime à pouvoir être pardonné, ajoutant que dans toute l'étendue de son royaume, il n'y avoit que le seul Duc d'Alençon qui eût le privilege de donner grace dans son Duché. Le Roi d'Angleterre ne se rendit point à ces raisons, & sollicita si pressamment la grace de Saint-Aignan, qu'il l'obtint enfin.

Le Procureur de retour chez lui, fit connoissance, pour comble de méchanceté, avec un enchanteur nommé Gallery, espérant qu'il lui apprendroit le moyen de s'empêcher de payer les quinze cens écus qu'il devoit au pere du mort. Pour cet effet, Saint-Aignan & sa femme s'en allerent déguisés à Paris ; mais la femme voyant qu'il étoit si long-temps enfermé avec Gallery, sans lui en dire la raison, l'observa un matin, & vit que Gallery lui montroit cinq images de bois, dont trois avoient les mains pendantes, & les deux autres levées. Il nous faut faire des images de cire

comme celles-ci , difoit Gallery au
Procureur ; celles qui auront les bras
pendans, feront ceux que nous ferons
mourir ; & celles qui les auront élevés , feront ceux de qui nous re-
chercherons la bienveillance. Soit ,
dit le Procureur. Celle-ci fera donc
pour le Roi de qui je veux être aimé,
& celle-ci pour M. le Chancelier
d'Alençon Brinon. Il faut , reprit
Gallery , mettre les images fous l'au-
tel où ils entendront la Meffe, avec
des paroles que je vous apprendrai.
Le Procureur venant enfuite aux images qui avoient les bras pendans, dit
que l'une étoit pour maître Gilles du
Mefnil, pere du mort, bien perfuadé
que tant que ce vieillard vivroit, il
il ne cefferoit de pourfuivre le meur-

trier de fon fils. Une des femmes à
bras pendans étoit pour Madame la
Ducheffe d'Alençon, fœur du Roi,
parce qu'elle aimoit fi fort fon vieux
ferviteur du Mefnil, & avoit connu en
tant d'autres occafions la méchanceté
du Procureur, que fi elle ne mouroit, il ne pouvoit vivre. La feconde
femme à bras pendans étoit pour fa
femme, qui étoit la chufe, difoit-il,
de tous fes malheurs, & qu'il favoit
bien qui ne fe réformeroit jamais. Sa
femme, qui voyoit tout par le trou
de la porte, voyant qu'il la mettoit
au rang des morts, fongea dès-lors à
le prévenir. Elle avoit un oncle qui
étoit Maître des Requêtes du Duc
d'Alençon, auquel, fous prétexte de
vouloir lui emprunter de l'argent,

D 3

elle conta tout ce qu'elle avoit vu &
entendu. L'oncle, vénérable vieillard
& bon serviteur du Duc, alla trouver le Chancelier d'Alençon, & lui
communiqua tout ce qu'il venoit
d'apprendre. Comme le Duc & la
Duchesse n'étoient point ce jour là
à la Cour, le Chancelier alla conter
l'aventure à Madame la Régente,
mere du Roi, & à la Duchesse, qui
mirent d'abord en quête le Prévôt de
Paris, nommé la Barre. Le Prévôt fit
si bien son devoir, & le fit avec tant
de diligence, que le Procureur & son
Nécromancien furent arrêtés. Il ne
fallut ni torture, ni contrainte pour
leur faire avouer le fait, & sur leur
aveu, leur procès fut fait & rapporté
au Roi. Quelques-uns qui voulurent

sauver la vie aux coupables, repré-
senterent au Roi, que les accusés
n'avoient pour but dans leurs enchan-
temens que de s'acquérir ses bonnes
graces; mais le Roi, à qui la vie de
sa sœur n'étoit pas moins chere que
la sienne propre, voulut qu'ils fussent
jugés comme s'ils avoient attenté à
sa personne. La Duchesse d'Alençon
pria néanmoins le Roi de faire grace
de la vie au Procureur, & de le con-
damner à une grosse peine corporelle.
Cela lui fut accordé, & les crimi-
nels furent envoyés aux galeres, où
ils finirent leurs jours, & eurent loi-
sir de reconnoître l'atrocité de leurs
crimes. La femme du Procureur continua ses déréglemens en l'absence
de son mari, fit pis qu'elle n'avoit

jamais fait, & mourut enfin miférablement.

Confidérez, Mefdames , je vous prie, quels défordres une méchante femme caufe , & de combien de maux fut fuivi le péché de celle dont il s'agit. Depuis qu'Eve fit pécher Adam, les femmes fe font mifes en poffeffion de tourmenter, de tuer, & de damner les hommes. Pour moi, j'ai tant fait d'expériences de leur cruauté , que je ne mourrai que du défefpoir où une m'a jetté. Encore fuis-je affez fou pour confeffer, que cet enfer m'eft plus agréable venant de fa main , que le paradis qu'un autre pourroit me donner. Parlamente faifant femblant de ne pas entendre que ce fût d'elle qu'il parloit , répon-

dit : Si l'enfer eſt auſſi agréable que
vous le dites, vous ne devez pas craindre le diable qui vous y a mis. Si mon
diable, répliqua Simontault en colere, devenoit auſſi noir qu'il m'a été
mauvais, il feroit autant de peur à
la compagnie, que je me fais de
plaiſir de le regarder : mais le feu de
l'amour me fait oublier le feu de cet
enfer ; & pour n'en dire pas davan-
tage, je donne ma voix à Madame
Oyſille, bien perſuadé que ſi elle vouloit dire des femmes ce qu'elle en ſait,
elle appuieroit mon ſentiment. Toute
la compagnie ſe tourna de ſon côté,
la priant de vouloir commencer ; ce
qu'elle fit par ce petit préambule qui
fut précédé d'un ſouris. Il me ſemble,
Meſdames, dit-elle, que celui qui

m'a donné fa voix a tant dit de mal
des femmes par l'hiftoire véritable
qu'il vient de conter d'une malheureufe , que je dois me rappeller toutes les années de ma vie pour trouver
une femme de qui la vertu démente
la mauvaife opinion qu'il a du fexe.
Il m'en vient une à point nommé qui
mérite de n'être pas oubliée. Je vais
vous en conter l'hiftoire.

II. CONTE.

*Triste & chaste mort de la femme d'un
des Muletiers de la Reine de Navarre.*

IL y avoit à Amboise un Muletier
qui servoit la Reine de Navarre, Sœur
de François I. Cette Princesse étant à
Blois, où elle avoit accouché d'un
Prince, le Muletier s'y rendit pour
demander le payement de son quar-
tier, & laissa sa femme à Amboise,
dans une maison au-delà des ponts.
Il y avoit long-tems qu'un valet de
son mari l'aimoit avec tant de passion,
qu'il ne pût s'empêcher de lui en parler un jour. Mais comme elle avoit de

la vertu, elle le rabroüia fi aigrement,
le menaçant de le faire battre & chaſ-
ſer par ſon mari, qu'il n'oſa depuis
lui tenir de pareils diſcours. Le feu de
ſon amour, quoique étouffé, n'étoit
pourtant pas éteint. Son maître étant
donc à Blois, & ſa maitreſſe à Vêpres
à Saint Florentin qui eſt l'Egliſe du
Château, fort éloigné de la maiſon
du Muletier, & lui ſeul à la maiſon,
réſolut d'avoir par force ce qu'il
n'avoit pû avoir ni par prieres ni par
ſes ſervices. Pour cet effet, il rompit
un ais de la Cloiſon qui ſéparoit la
Chambre de ſa maitreſſe & celle où
il couchoit. Comme les rideaux du lit
de ſon maître d'un côté, & de l'autre
ceux du lit des valets couvroient la
cloiſon, l'on ne s'apperçut point de

l'ouverture qu'il avoit faite. Cette
pauvre femme étant couchée avec
une petite fille de douze ans, & dor-
mant profondément, comme on fait
d'ordinaire au premier somme, le
valet entra par l'ouverture tout en
chemise & l'épée à la main, & se mit
au lit avec elle. Auffi-tôt qu'elle le
sentit, elle se jetta hors du lit, & lui
fit les remontrances qu'une femme
d'honneur peut faire en pareil cas.
Lui dont l'amour n'étoit que brutalité, & qui eût mieux entendu le langage de ses Mulets, que ces raisons
d'honnêteté, parut plus bête que les
bêtes mêmes avec lesquelles il avoit
été long-tems. Car voyant qu'elle
couroit fi vîte autour d'une table, qu'il
ne pouvoit la prendre, & d'ailleurs

elle étoit si forte, qu'encore qu'il l'eût prise deux fois, elle s'étoit toujours tirée de ses mains ; désespérant de pouvoir jamais la prendre vive, lui donna un coup d'épée dans les reins, voyant que si la peur & la force n'avoient pû la faire rendre, la douleur le feroit. Mais ce fut tout le contraire. Car comme un brave soldat, quand il voit son sang, est plus échauffé à se venger de ses ennemis, & à acquérir de l'honneur, de même son chaste cœur reprenant de nouvelles forces, elle courut plus vîte qu'auparavant pour s'empêcher de tomber entre les mains de ce malheureux, auquel elle donnoit cependant les meilleures paroles qu'elle pouvoit, pensant par ce moyen lui faire reconnoître sa faute.

Mais il étoit dans une si grande fureur, qu'il n'étoit pas capable de profiter d'un bon conseil. Elle reçut encore plusieurs coups, quelque usage qu'elle fît de ses jambes pour les éviter, tant qu'il lui resta des forces. Mais se trouvant affoiblie par la grande quantité de sang qu'elle perdoit, & sentant que la mort approchoit, elle leva les yeux au ciel, & joignant les mains, rendit graces à son Dieu qu'elle nommoit sa force, sa vertu, sa patience, & sa chasteté, le suppliant d'agréer le sang, qui suivant son commandement, étoit répandu par respect pour celui de son fils, dans lequel elle étoit fortement persuadée que tous les péchés étoient lavés, & effacés de la mémoire de sa colere.

Puis s'écriant, Seigneur, recevez l'ame
que votre bonté a rachetée, elle tom-
ba le visage en terre, & reçut encore
plusieurs coups de ce misérable. Après
qu'elle eut perdu la parole & les forces, le malheureux prit par violence
celle qui ne pouvoit plus se défendre.
Sa brutalité étant assouvie, il s'enfuit
avec tant de précipitation, qu'on n'a
jamais pû le trouver depuis avec quelque diligence qu'on l'ait cherché. La
jeune fille qui étoit couchée avec la
Muletiere fut si effrayée, qu'elle se
cacha sous le lit. Mais voyant que
l'homme étoit sorti, vint à sa maitresse, & la trouvant sans parole &
sans mouvement, cria par la fenêtre
aux voisins de venir à son secours.
Ceux qui estimoient & aimoient la

Muletiere

Muletiere autant que femme de la ville, accoururent incontinent, & amenerent avec eux des Chirurgiens, qui trouverent qu'elle avoit vingt-cinq plaies mortelles. Ils firent tout ce qu'ils pûrent pour la secourir ; mais il n'y eut pas moyen de la sauver. Elle languit cependant encore une heure sans parler, faisant signe des yeux & des mains, & montrant par-là qu'elle n'avoit pas perdu connoissance. Un homme d'Eglise lui ayant demandé en quelle foi elle mouroit, elle répondit par des signes si évidens & aussi peu équivoques que la parole, qu'elle mettoit sa confiance en la mort de Jesus-Christ, qu'elle espéroit voir en sa gloire céleste. Ainsi avec un visage tranquille, & les yeux élevés au Ciel,

Tome I. E

elle rendit son chaste corps à la terre, & son ame à son Créateur.

Son mari arriva dans le tems précisément qu'on alloit la porter en terre, & fut bien surpris de voir sa femme morte avant que d'en avoir sû aucunes nouvelles. Mais quand on lui eut dit de quelle maniere elle étoit morte, il eut double sujet de s'affliger. Aussi sa tristesse fut-elle si grande, qu'il pensa lui en coûter la vie. Cette martyre de la chasteté fut enterrée dans l'Eglise de Saint Florentin. Toutes les femmes vertueuses de la ville assisterent à sa sépulture, & lui firent autant d'honneur qu'il leur fut possible, s'estimant heureuses d'être concitoyennes d'une femme de si grande vertu; Et celles qui avoient mal vécu, voyant les honneurs qu'on faifoit à la morte, fe réformerent, & réfolurent de mieux vivre à l'avenir.

Voilà, Mefdames, une hiftoire véritable, & bien capable de porter à la chafteté, qui eft une fi belle vertu. Ne devrions-nous pas mourir de honte, nous qui fommes de bonne maifon, de fentir nos cœurs pleins de l'amour du monde, puifque pour l'éviter, une pauvre Muletiere n'a point appréhendé une mort fi cruelle? Telle fe croit femme de bien qui n'a pas encore fû comme celle-ci réfifter jufques au fang. C'eft pourquoi il faut s'humilier, puifque Dieu ne fait point des graces aux hommes parce qu'ils font nobles ou riches, mais fuivant qu'il plaît à fa bonté, qui n'a point

E 2

d'égard à l'apparence des perſonnes ;
il choiſit ceux qu'il veut; il honore de
ſes vertus & couronne enfin de ſa
gloire ceux qu'il a élus; & ſouvent il
choiſit les choſes baſſes & mépriſées
pour confondre celles que le monde
croit hautes & honorables. Ne nous
réjouiſſons point de nos vertus , comme dit Jeſus-Chriſt; mais réjouiſſons-
nous de ce que nous ſommes écrits
dans le livre de vie. Les Dames furent ſi touchées de la triſte & glo-
rieuſe mort de la Muletiere , qu'il n'y
en eut pas une qui ne verſât des larmes. Chacune ſe promettoit de tra-
vailler à ſuivre un pareil exemple , en
cas que la fortune les expoſât à une
pareille épreuve. Madame Oyſille
voyant enfin qu'on perdoit le temps

à louer la morte : Si vous ne dites
quelque chose pour faire rire la compagnie, dit-elle à Saffredant, il n'y a
personne de nous qui puisse oublier
la faute que j'ai faite de la faire pleurer. Ainsi je vous donne ma voix. Saffredant, qui eût bien souhaité de dire
quelque chose de bon & d'agréable à
la compagnie, & sur-tout à une des
Dames, répondit que cet honneur ne
lui étoit pas dû, & qu'il y en avoit de
plus habiles que lui qui devoient parler les premiers. Mais puisqu'ainsi est,
ajouta-t-il, le meilleur est de se tirer
d'affaire au plutôt ; car plus il y en
aura qui parleront bien avant moi,
plus mon tour sera difficile à remplir.

I I I. CONTE.

Un Roi de Naples ayant abusé de la
femme d'un Gentilhomme , porte
enfin lui-même les cornes.

COMME j'ai souvent souhaité d'avoir
eu part à la bonne fortune de celui
dont je vais vous faire un conte , je
vous dirai que, du temps du Roi Al-
phonse, le Prince de son siecle le plus
amoureux, il y avoit à Naples un Gentilhomme bienfait , agréable, & en
qui la nature & l'éducation avoient
mis tant de perfections, qu'un vieux
Gentilhomme lui donna sa fille, qui,
pour la beauté & pour les agrémens,

ne cédoit en rien à son mari. Ils s'ai-
merent beaucoup durant les premiers
mois de leur mariage. Mais le carna-
val étant venu, & le Roi allant en
masque dans les maisons, où chacun
tâchoit de le recevoir de son mieux,
il vint chez ce Gentilhomme, & y
fût mieux reçu qu'il ne l'avoit été
ailleurs. Les confitures, la musique,
les concerts, & plusieurs autres divertissemens n'y furent pas oubliés: mais
ce qui plut le plus au Roi fut la femme, la plus belle à son gré qu'il eût
jamais vûe. A la fin du régal la belle
chanta avec son mari, & le fit de si
bon air, qu'elle en parut beaucoup
plus belle. Le Roi voyant deux perfections en une même personne, prit
bien moins de plaisir aux doux ac-

cords de son mari & d'elle, qu'à penser aux moyens de les rompre. L'amitié mutuelle qu'il y avoit entr'eux lui
paroissoit un grand obstacle à son dessein. Il dissimula sa passion du mieux
qu'il lui fut possible : mais pour la sou-
lager en quelque maniere, il régaloit
les Seigneurs & Dames de Naples, &
n'oublioit pas le Gentilhomme & sa
femme. Comme on croit aisément ce
que l'on voit, & que les amans ont
de bons yeux, il crut que ceux de
cette Dame lui promettoient quelque
chose d'agréable pour l'avenir, pourvu
que ceux du mari n'y fissent point d'obstacle. Pour savoir si sa conjecture étoit
juste, il fit faire au mari un voyage
à Rome de quinze jours ou trois se-
maines. Il ne fut pas plutôt parti, que

fa femme, qui ne l'avoir pas encore perdu de vue pour ainfi dire, fur dans une très-grande affliction. Le Roi l'alla voir fouvent , & la confola de fon mieux par paroles obligeantes & par préfens. En un mot il fit fi bien, qu'elle fe trouva non-feulement confolée , mais même bien-aife de l'abfence de fon mari. Avant les trois femaines que le mari devoit revenir , elle fut fi amoureufe du Roi , qu'elle étoit auffi affligée du retour de fon époux, qu'elle l'avoit été de fon départ. Pour n'être pas privée de la préfence du Roi , il fut convenu entr'eux , que quand le mari iroit à la campagne , elle en feroit avertir le Roi qui pourroit la venir voir en toute fureté , & fi fecrétement , que le mari qu'elle refpectoit plus que sa conscience, ne se défiant de rien & ne sachant rien, n'en seroit point blessé ; espérance qui faisoit beaucoup de plaisir à la belle. Le mari de retour fut si bien reçu de sa femme, qu'encore qu'il eût appris que le Roi la chérissoit pendant son absence, il ne le put jamais croire. Mais avec le temps, ce feu qu'on cachoit avec tant de peine commença peu à peu à se faire voir, & parut si visiblement, que le mari justement alarmé prit si bien ses mesures, qu'il n'eut presque plus aucun lieu de douter. Mais comme il craignoit que celui qui lui faisoit affront ne lui fît quelque chose de pis s'il remuoit, il résolut de dissimuler, aimant mieux vivre avec chagrin, que d'exposer sa

vie pour une femme qui ne l'aimoit
plus. Il fongea néanmoins dans fon
reffentiment de rendre la pareille au
Roi , s'il étoit poffible.

Comme il favoit que l'amour at-
taque principalement celles qui ont le
cœur grand , il fe donna la liberté de
dire un jour à la Reine , qu'il avoit
de la douleur que le Roi fon époux la
traitât avec indifférence. La Reine ,
à qui il étoit revenu quelque chofe
des amours du Roi & de fa femme ,
répondit qu'elle ne pouvoit avoir
l'honneur & le plaifir tout enfemble.
Je fais bien , ajouta-t-elle , que j'ai
l'honneur dont une autre reçoit le plaifir ; mais auffi celle qui a le plaifir n'a
pas le même honneur que moi. Lui
qui comprit fort bien à qui ces pa-

roles s'adreſſoient : l'honneur eſt né
avec vous, Madame, répondit-il d'a-
bord ; vous êtes de ſi bonne maiſon,
que la qualité de Reine ou d'Impé-
ratrice n'ajouteroit rien à votre no-
bleſſe : mais votre beauté, vos agrémens & votre honnêteté méritent tant
de plaiſir, que celle qui vous ravit
celui qui vous eſt dû, ſe fait plus de
tort qu'à vous ; car pour une gloire
qui lui tourne à honte, elle perd autant de plaiſir que vous ou femme
du royaume ſauriez avoir : & je puis
vous dire, Madame, que la couronne à part, le Roi n'eſt pas plus en
état que moi de contenter une femme. Bien loin de cela, je ſuis perſuadé que, pour ſatisfaire une femme de votre mérite, le Roi devroit

fouhaiter d'être de mon tempérament.
Quoique le Roi foit d'une complexion
plus délicate que vous , répondit la
Reine en riant, l'amour qu'il a pour
moi me contente fi fort, que je le
préfere à toute autre chofe. Si cela eft,
Madame , repliqua le Gentilhomme,
je ne vous plains plus. Je fais que fi
le Roi avoit pour vous un amour auffi
épuré que celui que vous avez pour
lui , vous jouiriez au pied de la lettre
du contentement que vous dites : mais
Dieu ne l'a pas voulu , & il veut vous
apprendre par-là que vous ne devez
pas vous en faire une divinité terreftre.
Je vous avoue , dit la Reine, que l'a-
mour que j'ai pour lui eft fi grand ,
qu'il n'y a point de cœur qui puiffe
aimer avec tant de paffion. Permettez-

moi, s'il vous plaît , de vous dire,
Madame , répartit le Gentilhomme,
que vous ne connoiſſez pas bien l'a-
mour de tous les cœurs. J'oſe vous aſ-
ſurer , Madame , que tel vous aime
d'un amour ſi parfait & ſi paſſionné,
que celui que vous avez pour le Roi
ne peut pas entrer en comparaiſon.
Son amour ſe fortifie à meſure que
celui du Roi s'affoiblit , & ſi vous le
trouvez bon, Madame , vous ſerez
récompenſée de reſte de tout ce que
vous perdez.

La Reine commença de connoître,
tant à ſes paroles qu'à ſon air, que ſa
langue étoit l'interprete de ſon cœur.
Là-deſſus elle va ſe rappeller qu'il
cherchoit depuis long-temps les oc-
caſions de lui rendre ſervice, & les

cherchoit avec tant d'empreſſement,
qu'il en étoit devenu tout mélancolique. Elle avoit d'abord cru que ſa
femme étoit la cauſe de ſa mélanco-
lie ; mais alors elle ne douta point
que tout cela ne fût pour ſon compte.
Comme l'amour ſe fait ſentir quand
il eſt véritable, la Reine n'eut pas de
peine à démêler ce qui étoit un ſecret
pour tout le monde. Le Gentilhomme donc lui paroiſſant plus aimable
que ſon mari, conſidérant d'ailleurs
qu'il étoit abandonné de ſa femme
comme elle l'étoit de ſon mari, ani-
mée de dépit & de jalouſie contre
ſon époux, & d'amour pour le Gentilhomme : Faut-il, ô Dieu, dit-elle
en ſoupirant, & les larmes aux yeux,
que la vengeance faſſe en moi ce que

l'amour n'a jamais pu faire ? Le Gentilhomme qui comprit fort bien le
fens de cette exclamation , répliqua :
La vengeance eft douce , Madame ,
lorfqu'au lieu de tuer fon ennemi, on
donne la vie à un veritable ami. Il
me femble qu'il eft temps que la vérité vous guérifse de l'amour peu raifonnable que vous avez pour une perfonne qui n'en a point pour vous, &
qu'un amour jufte & bien fondé chaffe
la crainte qui eft fort mal logée dans
un cœur auffi grand & auffi vertueux
que l'eft le vôtre. Mettons à part , Madame , votre qualité de Reine , &
confidérons que vous & moi fommes
les deux perfonnes du monde les plus
indignement dupées & trahies de
ceux que nous avons le plus parfaitement

ment aimés. Vengeons-nous, Madame, moins pour leur rendre ce qu'ils nous prêtent, que pour satisfaire à l'amour, qui de mon côté ne sauroit aller plus loin, à moins qu'il ne m'en coûte la vie. Si vous n'avez le cœur plus dur qu'un diamant, vous devez sentir quelque étincelle d'un feu qui s'augmente à mesure que je fais des efforts pour le cacher. Je souffre parce que je vous aime. Aimez-moi par pitié, ou du moins par ressentiment. Votre mérite est si parfait, qu'il est digne du cœur de tout ce qu'il y a d'honnêtes gens; cependant vous êtes méprisée & abandonnée de celui pour qui vous avez abandonné tous les autres.

Ces paroles causerent à la Reine

Tome I. F

de si violens transports , que pour
tâcher le trouble de son esprit , elle
prit le Gentilhomme par le bras , &
le mena dans un jardin près de sa
chambre , où elle fut long-temps à se
promener sans pouvoir lui dire un seul
mot. Mais le Gentilhomme la voyant
demi vaincue , ne fut pas plutôt au
bout d'une allée où personne ne pouvoit les voir , qu'il l'entretint de la
bonne sorte de la passion dont il lui
avoit fait un si long secret. Comme
ils se trouverent tous deux d'accord ,
ils se vengerent par représailles , & il
fut arrêté que toutes les fois que le
Roi iroit voir la femme du Gentilhomme , le Gentilhomme viendroit
voir la Reine. Ainsi trompant les trom-
peurs , ils furent quatre à partager le

plaiſir dont deux s'imaginoient jouir
ſeuls. Cela étant fait, chacun ſe retira, la Reine dans ſa chambre, & le
Gentilhomme chez lui, tous deux ſi
contens, qu'ils ne ſe ſouvenoient plus
de leurs déplaiſirs paſſés. Le Gentilhomme, bien loin d'avoir peur que
le Roi allât voir ſa femme, ſouhaitoit
au contraire qu'il la vît; & pour lui
en donner occaſion, il alloit à la campagne plus ſouvent qu'à l'ordinaire.
Le Roi n'étoit pas plutôt averti qu'il
étoit à ſon village, qui n'étoit qu'à demi lieue de la ville, qu'il alloit trouver la belle; & la nuit n'étoit pas plutôt venue, que le Gentilhomme de
ſon côté ſe rendoit auprès de la Reine,
où il faiſoit l'office de Lieutenant de
Roi ſi ſecretement, que jamais per-

sonne ne s'en apperçut. Ce commerce
dura long-temps : mais quelque soin
que le Roi pût prendre pour cacher
ses amours, tout le monde en fut informé. Les honnêtes gens plaiguoient
beaucoup le Gentilhomme , duquel
plusieurs mauvais plaisans se mo-
quoient, & lui faisoient les cornes
par derriere , de quoi il s'appercevoit
fort bien. Mais il étoit si aise qu'on
se moquât de lui de cette maniere ,
qu'il estimoit autant les cornes que la
couronne du Roi. Ce Prince étant
avec la femme du Gentilhomme , ne
pût un jour s'empêcher de dire en
riant devant le Gentilhomme même,
au sujet d'un bois de cerf qui étoit
attaché dans la maison : *Ce bois con-
vient fort bien à cette maison.* Le Gen-

tilhomme qui n'avoit pas moins de
cœur que le Roi, fit écrire fur ce bois :
*io porto le corna, ci afcun le vede, ma
tal le porta chi nole crede.* Le Roi re-
tournant chez le Gentilhomme, & y
trouvant ce nouvel écriteau, lui en
demanda l'explication. *Si le cerf,* répondit le Gentilhomme, *ne fait pas
le fecret du Roi, il n'eft pas jufte que
le Roi fache le fecret du cerf.* Conten-
tez vous de favoir, Sire, que tous
ceux qui portent les cornes n'ont pas
le bonnet hors de la tête ; que les
cornes font fi douces, qu'elles ne dé-
coiffent perfonne, & que tel les porte
qui ne croit pas les porter. Le Roi vit
bien par-là qu'il favoit quelque chofe
de fes affaires ; mais il ne foupçonna
jamais ni la Reine ni lui. Cette Prin-

cesse joua fort bien son rôle ; car plus elle étoit contente de la conduite de son époux, plus feignoit-elle d'en être mal satisfaite. Aussi vécurent-ils de part & d'autre en bonne amitié, jusqu'à ce que la vieillesse vint traverser leurs mutuels plaisirs.

Voilà une histoire, Mesdames, que je vous propose volontiers en exemple, afin que quand vos maris vous donneront des cornes, vous leur en donniez aussi. Je suis fort assurée, Saffredant, dit alors Emarsuite en riant, que si vous aimiez comme vous avez fait autrefois, vous souffririez des cornes aussi grandes qu'un chêne, pour en donner une à votre gré : mais aujourd'hui que vos cheveux commencent à grisonner, il est temps de

faire treve à vos defirs. Quoique celle
que j'aime, Mademoifelle, ne me
laiffe aucune efpérance, repliqua Saffredant, & que l'âge ait épuifé mes
forces, le defir me refte encore tout,
entier. Mais puifque vous me cenfu-
rez d'un fi honnête defir, vous con-
terez, s'il vous plaît, le quatrieme
Conte, & nous verrons fi vous trouverez quelque exemple qui puiffe me
démentir. Une de la compagnie, qui
favoit que celle qui prenoit les paroles
de Saffredant à fon avantage, n'en
étoit pas affez aimée pour qu'il eût
voulu porter des cornes de fa façon,
ne pût s'empêcher de rire de la maniere avec laquelle elle les avoit rele-
vées. Saffredant, qui fentit que la
rieufe étoit au fait, en fut fort aife,

F 4

& laiſſa parler Emarſuite. Pour faire voir, Meſdames, à Saffredant & à toute la compagnie, dit alors Emarſuite, que toutes les femmes ne ſont pas faites comme la Reine dont il vient de parler, & que tous les téméraires ne ſont pas heureux, je vais vous entretenir de l'aventure d'une Dame, qui jugea que le dépit d'échouer en amour étoit plus difficile à ſoutenir que la mort même. Je ne nommerai point les perſonnes, parce que l'hiſtoire eſt ſi nouvelle, que je ne manquerois pas de me faire des affaires avec leurs parens.

IV. CONTE.

Téméraire entreprise d'un Gentilhomme contre une Princesse de Flandres, & la honte qu'il en reçut.

Il y avoit en Flandres une Dame de la meilleure maison du pays, veuve pour la seconde fois, & n'ayant jamais eu d'enfans. Durant son veuvage elle se retira chez son frere qui l'aimoit beaucoup, & qui étoit un fort grand Seigneur, étant marié à une des filles du Roi. Ce jeune Prince donnoit fort au plaisir, & aimoit la chasse, les divertissemens & les Dames, comme font d'ordinaire les jeu-

nes gens. Il avoit une femme de fort
mauvaise humeur, & qui ne s'accommodoit point des divertissemens de
son époux. Comme la sœur étoit fort
enjouée, & néanmoins fort sage &
fort vertueuse, elle accompagnoit toujours le Prince par-tout où il menoit
son épouse. Il y avoit à la Cour du
Prince un Gentilhomme qui surpas-
soit tous les autres Courtisans en taille,
en beauté & en bonne mine. Ce Cavalier voyant que la sœur de son maître étoit une femme enjouée & qui
rioit volontiers, crut qu'il devoit tenter si un amant honnête homme seroit
de son goût : mais il trouva tout le
contraire de ce que l'enjouement de
la belle veuve lui avoit fait espérer.
Cependant, en faveur de sa bonne

mine & de son honnêteté , elle fit
grace à son audace , & lui faisoit même connoître qu'elle n'étoit
point fâchée qu'il lui parlât , l'aver-
tissant au reste de ne lui plus tenir
le même langage ; ce qu'il lui promit
pour ne pas perdre le plaisir & l'honneur de l'entretenir. Mais sa passion
augmentant avec le temps , il oublia
sa promesse : cependant il n'eut point
recours aux paroles , car l'expérience
lui avoit appris qu'elle savoit faire des
réponses sages. Il crut enfin qu'étant
veuve , jeune , vigoureuse & de bonne
humeur , elle auroit peut-être pitié de
lui & d'elle , s'il pouvoit la trouver
en lieu qui fût à son avantage. Pour
cet effet , il fit entendre au Prince
qu'il avoit une maison qui étoit un

fort bel endroit pour la chasse, &
& que s'il lui plaisoit d'y venir courir
trois ou quatre cerfs dans la belle sai-
son, il auroit le plus grand plaisir
qu'il eût jamais eu. Le Prince, soit
qu'il aimât le Gentilhomme, ou qu'il
fût bien aise de prendre le plaisir de
la chasse, lui promit d'aller chez lui,
& lui tint parole. Il trouva une belle
maison, & en aussi bon ordre que si
elle eût appartenu au plus riche Gentilhomme du pays. Il logea celle qu'il
aimoit plus que soi-même dans un
appartement qui étoit vis-à-vis de celui qu'il avoit donné au Prince & à
la Princesse. La chambre de la belle
veuve étoit si bien tapissée par le haut,
& si bien natée par le bas, qu'il étoit
impossible de s'appercevoir d'une trape

qu'il avoit menagée dans la ruelle, &
qui defcendoit dans la chambre de la
mere du Cavalier, femme âgée & in-
firme. Comme la bonne femme touf-
foit beaucoup , & qu'elle craignoit
que le bruit de fa toux n'incommodât
la Princeffe, elle changea de chambre
avec fon fils. Il ne fe paffoit point de
foir que la vieille Dame ne portât des
confitures à la belle veuve. Son fils ne
manquoit pas de l'y accompagner ; &
comme il étoit fort aimé du frere, il
lui étoit permis de fe trouver au coucher & au lever de la fœur, où il trouvoit toujours de quoi augmenter fon
amour. Il fut un foir fi tard avec la
Princeffe, que voyant qu'elle s'endor-
moit, il fut contraint de la laiffer, &
de fe retirer dans fa chambre. Il prit

la plus belle chemife & la mieux par-
fumée qu'il eût, & un bonnet de nuit
fi propre & fi riche qu'il n'y manquoit rien ; puis fe regardant au miroir,
il fut fi content de foi-même , qu'il
crut qu'il n'y avoit point de Dame
qui pût tenir contre fa beauté & fa
bonne mine. Se promettant donc des
merveilles de fon entreprife, il fe mit
dans fon lit, où il ne croyoit pas faire
long féjour , parce qu'il efpéroit d'en
avoir un meilleur & un plus agréable.

Il n'eut pas plutôt congédié fes
gens, qu'il fe leva, & ferma la porte.
Il fut long-tems à écouter s'il n'enten-
droit point de bruit à la chambre de
la Princeffe, qui comme on a déja dit,
étoit au-deffus de la fienne. Quand il
pût s'affurer que tout dormoit, il fe

mit en devoir de commencer fa belle
entreprife , & abattit peu-à-peu la
trape, qui étoit fi bien faite, & fi
bien garnie de drap, qu'il ne fit pas
le moindre bruit. Ayant monté par-là
dans la ruelle de la Princeffe qui dormoit profondément, il fe coucha fans
cérémonie auprès d'elle , fans avoir
égard ni aux obligations qu'il lui avoit,
ni à la maifon dont elle étoit, & fans
en avoir au préalable fon confente-
ment. Elle le fentit plutôt entre fes
bras, qu'elle ne s'apperçut de fon arrivée. Mais comme elle étoit forte,
elle fe débarraffa de fes mains ; & en
lui demandant qui il étoit, elle fe fer-
vit fi bien de fes mains & de fes on-
gles, que craignant qu'elle ne criât au
fecours, il fe mit en devoir de lui fer-

mer la bouche avec la couverture ;
mais il n'en pût jamais venir à bout.
Car comme elle vit qu'il faisoit de son
mieux pour la déshonorer, elle fit de
son mieux pour s'en défendre, & appella de toute sa force sa Dame d'honneur qui couchoit dans sa chambre,
femme âgée & fort sage, qui courut
en chemise au secours de sa maitresse.

Le Gentilhomme se voyant décou-
vert, eut tant de peur d'être reconnu,
qu'il descendit par la trape le plus vîte
qu'il put ; son désespoir de s'en retourner en si mauvais état ne fut pas
moins grand qu'avoit été le desir &
la confiance d'être bien reçu. Il re-
trouva sur sa table sa chandelle & son
miroir, & se vit le visage tout sanglant
d'égratignures & de morsures. Le sang
ruisselant

ruiffelant fur fa belle chemife, qui
étoit plus fanglante que dorée. Te
voilà, beauté cruelle, récompenfée
de ton mérite, dit alors l'infortuné.
Tes vaines promeffes m'ont fait entre-
prendre une chofe impoffible, & qui
bien loin d'augmenter mon bonheur,
fera peut-être un furcroît de malheur.
De quoi deviendrai-je, fi elle fait que
contre ma promeffe j'ai fait cette folie? Le moins qui m'en puiffe arriver
eft d'être banni de fa préfence. Devois-
je employer la fraude pour ravir un
bien que ma naiffance & ma bonne
mine pouvoient me faire obtenir par
des voies légitimes ? Eft-ce par violence que je devois me rendre maître de fon cœur ? Ne devois-je pas at-
tendre au contraire que l'amour m'en

mît en poffeffion pour récompenfer
ma patience & mes longs fervices;
car fans amour à quoi aboutiffent la
vertu & le crédit d'un amant ? Le
refte de la nuit fe paffa à faire ces trif-
tes réflexions, qui furent fouvent in-
terrompues par des larmes, des re-
grets & des doléances qui ne peuvent
s'exprimer. Le matin venu, le Gentilhomme fit le malade pour cacher
le défordre de fon vifage, faifant femblant de ne pouvoir fou...ar la lumiere
jufqu'à ce que la compagnie fût fortie.
La Dame perfuadée qu'il n'y avoit
perfonne à la Cour capable de faire
un coup fi méchant & fi déterminé,
que celui qui avoit eu la hardieffe de
lui déclarer fon amour, vifita la chambre avec fa Dame d'honneur ; mais

ne trouvant point d'endroit par où l'on pût être venu, elle se mit en grosse colere. Soyez assurée, dit-elle à la Dame d'honneur, que le Seigneur de cette maison a fait le coup. Mais je m'en vengerai, & l'autorité de mon frere immolera sa tête à ma chasteté. La Dame d'honneur voyant ses transports : je suis ravie, Madame, lui dit-elle, que l'honneur vous soit si précieux, que de ne vouloir pas épargner la vie d'un homme qui l'a exposée par un excès d'amour : mais en cela comme en autre chose, tel recule souvent en pensant avancer. Dites-moi donc, Madame, la pure vérité. A-t-il eu quelque chose de vous? Rien je vous assure, répondit la belle veuve, que des égratignures & des coups de poing; & à moins qu'il n'ait trouvé un bon Chirurgien, je suis persuadée que nous en verrons demain des marques. Cela étant, Madame, repliqua la Dame d'honneur, il me semble que vous devez plutôt louer Dieu, que de penser à vous venger. Puisqu'il a eu le cœur de tenter une pareille entreprise, le dépit de n'y avoir pas réussi lui sera plus sensible que la mort même. Voulez-vous être vengée d'une maniere qui vous fasse honneur ? Abandonnez-le à son amour & à sa honte, qui sauront bien mieux le faire souffrir que vous. Ne tombez pas, Madame, dans l'inconvénient où il s'est jetté. Il s'étoit promis le plus doux de tous les plaisirs, & il s'est précipité dans la plus cruelle dou-

leur où l'on puisse jamais tomber. Pro-
fitez de son exemple, Madame, &
ne diminuez point votre gloire en pensant l'augmenter. Si vous vous plai-
gnez de l'aventure, vous allez publier
ce que personne ne sait; car vous pouvez compter que de son côté ce sera
un secret éternel. Supposé que le Prince vous fasse la justice que vous demandez, & qu'il en coûte la vie au
Gentilhomme, on dira que vous l'a-
vez sacrifié après lui avoir tout accordé : & la plupart des gens croiront dif-
ficilement qu'il eût fait une pareille
entreprise, si vous ne l'y aviez encou-
ragé. Vous êtes belle, jeune & enjouée. Toute la Cour sait que vous
recevez bien le Gentilhomme que
vous soupçonnez : ainsi chacun jugera

qu'il n'a entrepris cela que parce que vous l'avez bien voulu. Votre honneur qui n'a souffert jusqu'ici aucune atteinte, deviendra pour le moins douteux dans tous les lieux où l'aventure sera contée.

La Princesse se rendit à de si bonnes raisons, & demanda à sa Dame d'honneur ce qu'elle devoit faire. Puisque vous trouvez bon, Madame, répondit la Demoiselle, que je vous parle avec liberté, & avec le zèle que j'ai toujours eu pour vous, je vous dirai qu'il me semble que vous devez avoir une véritable joie, que l'homme le mieux fait que je connoisse n'ait pu, ni par amour ni par violence, vous détourner du chemin de la vertu. Cela doit, Madame, vous obliger à

vous humilier devant Dieu, & à reconnoître que c'eft fon ouvrage & non
pas le vôtre. En effet, plufieurs femmes ont vécu avec plus d'autorité que
vous, & n'ont pas laiffé de fe rendre
à des hommes qui ne méritoient pas
fi bien d'être aimés que lui. Vous
devez être plus en garde que jamais
contre tout ce qui s'appelle difcours
tendres, & confidérer que plufieurs
ont réfifté aux premieres attaques,
qui ont fuccombé aux fecondes. Sou-
venez-vous, Madame, que l'amour
eft ayeugle, & qu'il aveugle de maniere qu'on croit n'avoir rien à craindre, lors même qu'on eft le plus ex-
pofé. Il me femble donc, Madame,
que vous ne devez dire à perfonne ce
qui vous eft arrivé; & quand même

on voudroit vous en parler, faites semblant de ne pas entendre. Par-là vous éviterez deux inconvéniens : l'un est la vaine gloire de la victoire que vous avez remportée ; l'autre, le plaisir que vous pourriez prendre de vous souvenir de choses si agréables à la chair, que les plus chastes ont bien de la peine, quelques efforts qu'elles fassent, à s'empêcher d'en sentir quelque chose. D'un autre côté, Madame, afin qu'il ne croie pas que ce qu'il a fait soit de votre goût, je suis d'avis que vous lui fassiez sentir sa folie, en lui retranchant peu à peu quelque chose du bon accueil que vous aviez coutume de lui faire. Il sentira en même temps que vous avez bien de la bonté de vous contenter de votre

victoire, & de renoncer à la vengeance. Dieu vous faffe la grace, Madame, de perféverer dans la vertu
qu'il a mife en vous, & que recon-
noiffant qu'il eft le principe de tous
les biens, vous l'aimiez & le ferviez
à l'avenir mieux que vous n'avez fait
jufqu'ici.

La Princeffe fuivit le fage confeil
de fa Demoifelle, & dormit le refte
de la nuit avec autant de tranquillité,
que le Gentilhomme veilla avec trouble & inquiétude. Le lendemain le
Prince voulant s'en retourner, demanda fon hôte. On lui dit qu'il étoit
fi malade, qu'il ne pouvoit voir la lumiere, ni entendre parler perfonne.
Le Prince en fut furpris, & voulut
l'aller voir : mais ayant appris qu'il

reposoit, & ne voulant pas l'éveiller,
il partit sans lui dire adieu avec sa
femme & sa sœur. Celle-ci concluant
que les marques qu'elle avoit faites au
Gentilhomme, & qu'il ne vouloit
pas faire voir, étoient le véritable prétexte de sa maladie, n'eut plus aucun
doute que ce ne fût lui qui lui avoit
fait la piece. Le Prince lui manda
souvent de revenir à la Cour ; mais il
n'obéit qu'après qu'il fut bien guéri
de toutes ses blessures, à la réserve
de celles que l'amour & le dépit lui
avoient fait au cœur. De retour à la
Cour il parut tout autre, & ne put,
sans rougir, soutenir la présence de
sa charmante ennemie. Quoi qu'il fût
le plus hardi de toute la Cour, il fut
si déconcerté, qu'il parut souvent de-

vant elle tout décontenancé ; nouvelle preuve que les soupçons de la belle étoient bien fondés. Aussi rompit-elle avec lui peu à peu. Quelque adroitement qu'elle pût le faire, il ne laissa pas de s'en appercevoir ; mais il n'osa pas le témoigner, de peur de pis. Il garda son amour dans le cœur, & souffrit patiemment une disgrace qu'il avoit bien méritée.

Voilà, Mesdames, une histoire qui doit faire peur à ceux qui veulent s'emparer de ce qui ne leur appartient pas, & relever le courage aux Dames par la considération de la vertu de la jeune Princesse, & du bon sens de sa Demoiselle. Si pareille chose arrivoit à quelqu'une de vous, le remede est tout trouvé. Il me semble, dit Hircan, que le Gentilhomme dont vous venez de parler avoit si peu de cœur, qu'il ne méritoit pas qu'on lui fît honneur de relever son aventure. Puisqu'il avoit une si belle occasion, rien ne devoit l'empêcher d'en profiter. Il n'étoit pas bien amoureux, puisque la crainte de la mort & de la honte trouva place dans son cœur. Et qu'eût fait le pauvre Gentilhomme contre deux femmes, dit alors Nomerfide ? Il falloit tuer la vieille, répliqua Hircan, & la jeune se voyant seule, auroit été demi-vaincue.

Tuer, repartit Nomerfide ! vous voudriez donc faire un meurtrier d'un amant ? De l'humeur dont vous êtes, on doit craindre de tomber entre vos

mains. Si j'avois poussé les choses si
loin , continua Hircan , je me croirois
perdu de réputation si je n'en venois
pas à la conclusion. Trouvez - vous
étrange , dit alors Guebron , qu'une
Princesse élevée à la vertu soit difficile à prendre à un seul homme ? Vous
seriez donc bien surpris si l'on vous
disoit qu'une femme du commun a
échappé à deux hommes , Guebron,
dit Emarsuite ? je vous donne ma
voix pour dire le cinquieme Conte.
Je suis trompée si vous n'en savez
quelqu'un de cette pauvre femme ,
qui ne déplaira pas à la compagnie.
Puisqu'ainsi est , répondit Guebron,
je vais vous conter une histoire que
je tiens pour véritable, parce que je
m'en suis informé sur les lieux. Vous

verrez par-là que les Princeffes ne
font pas les feules fages & les feules
vertueufes, & que ceux qui paffent
fouvent pour fort amoureux & fort
fins, ne le font pas autant qu'on penfe.

V. CONTE.

Une Bateliere échappa à deux Cordeliers qui vouloient la forcer, & fit si bien que leur crime fut su de tout le monde.

IL y avoit au port à Coulon près de Niort une Bateliere qui ne faisoit jour & nuit que passer des gens. Deux Cordeliers de Niort passerent seuls la riviere avec elle. Comme le trajet est un des plus larges qu'il y ait en France, de peur qu'elle ne s'ennuyât, ils s'aviserent de lui parler d'amour. Elle fit à cela la réponse qu'elle devoit. Mais les bons peres qui n'étoient ni fatigués du travail du passage, ni refroidis de la froideur de l'eau, ni

honteux du refus de la femme, réfolurent de la forcer, ou de la jetter
dans la riviere fi elle faifoit la fâcheufe. Elle, aufli fage & aufli fine qu'ils
étoient fous & malins, leur dit : Je ne
fuis pas fi difficile que vous pourriez
croire : mais, je vous prie, accordez-
moi deux chofes, & vous verrez que
j'ai plus d'envie de vous fatisfaire,
que vous n'en avez d'être fatisfaits.
Les Cordeliers jurerent par leur bon
faint François, qu'il n'y avoit rien
qu'ils ne lui accordaffent pour avoir
d'elle ce qu'ils fouhaitoient. Je vous
demande premiérement, dit - elle,
que vous me promettiez & juriez,
qu'homme vivant ne faura jamais de
vous ce qui fe paffera entre nous ; ce
qu'ils firent très-volontiers. Je vous
demande

demande en second lieu d'avoir affaire
à moi l'un après l'autre ; car je serois trop honteuse si cela se faisoit en
présence de vous deux. Convenez entre vous qui m'aura la premiere. Cela
fut trouvé juste, & le plus jeune donna la préférence au plus vieux.

En approchant d'une petite isle,
elle dit au jeune Cordelier : Faites-là
vos oraisons, tandis que votre cama-
rade & moi passerons dans un autre
isle. Si au retour il se trouve bien
de moi, nous le laisserons ici ; &
nous en irons ensemble. Le jeune
sauta d'abord dans l'isle, en attendant le retour de son compagnon que
la Bateliere mena à une autre isle.
Quand ils furent arrivés, elle fit semblant d'attacher son bateau, & dit au

Tome I.   H

Moine : Voyez, je vous prie, où nous pourrons nous mettre. Le Cordelier mit bonnement pied à terre pour chercher un lieu commode. Il n'y fut pas plutôt, que donnant du pied contre un arbre, elle reprit le large, & laissa les bons Peres auxquels elle fit force huées. Attendez, Messieurs, leur disoit-elle, que l'Ange de Dieu vienne vous consoler ; car pour aujourd'hui vous n'aurez rien de moi. Les Cordeliers se voyant dupés se mirént à genoux sur le rivage, lui demandant par grace de ne leur point faire cet affront, & de les mener au port, avec promesse qu'ils ne lui demanderoient rien. Je serois bien folle, leur disoit-elle toujours chemin faisant, de me remettre entre vos mains , puisque je m'en suis tirée.

De retour à son village, elle dit à son mari ce qui s'étoit passé, & avertir la Justice de venir prendre deux loups dont elle avoit su éviter la dent. La Justice y alla si bien accompagnée, qu'il n'y eut petit ni grand qui ne voulût avoir part à cette chasse. Les pauvres Moines voyant venir si grosse compagnie, se cacherent chacun dans son isle, comme fit Adam devant Dieu après qu'il eut mangé la pomme. La honte leur fit envisager la grandeur de leur péché, & la peur d'être punis les effrayoit si fort, qu'ils paroissoient demi-morts. Cela n'empêcha pas qu'ils ne fussent pris & menés prisonniers ; ce qui ne se fit pas sans être moqués & hués des hommes

& des femmes. Ces bons Peres, disoient les uns, nous prêchent la chafteté, & veulent forcer nos femmes.
Ils n'osent toucher l'argent, disoit le
mari, mais ils veulent bien manier
les cuisses des femmes, quoiqu'elles
soient plus dangereuses. Ce sont des
tombeaux, disoient les autres, dont
les dehors sont blanchis; mais le de-
dans est plein de pourriture. A leurs
fruits, s'écrioit un autre, vous con-
noissez la nature de ces arbres. Tous
les passages de l'Ecriture contre les
hypocrites furent cités contre les pauvres prisonniers. Le Prieur vint enfin
à leur secours, les demanda, & les
eût, le Magistrat assurant qu'il les pu-
niroit plus rigoureusement que la Justice séculiere ne sauroit faire. Pour ré-

paration aux parties intéreffées, le Prieur promit qu'ils diroient autant de Meffes & de prieres qu'on fouhaiteroit. Le Magiftrat fe contenta de cela, & rendit les prifonniers. Comme le Gardien étoit homme de bien, ils en furent chapitrés de maniere, que jamais ils ne pafferent depuis la riviere fans faire le figne de la croix, & fe recommander à Dieu.

Si cette Bateliere eut l'efprit de tromper deux hommes fi malins, que doivent faire ceux qui ont vu & lu tant de beaux exemples? Si celles qui ne favent rien, & qui n'entendent qu'à peine deux bons Sermons par an, qui n'ont le loifir que de penfer à gagner leur vie, gardent leur chafteté avec foin, que ne doivent point

faire celles qui, ayant leur vie gagnée,
ne s'occupent qu'à lire les saintes lettres, à entendre des prédications, &
à s'exercer à toute sorte de vertus? C'est
à cela qu'on connoît que le cœur est
véritablement vertueux ; car plus
l'homme est simple & peu éclairé,
plus sont grands les ouvrages de l'Esprit de Dieu. Malheureuse la Dame
qui ne conserve pas avec soin le tré-
sor qui lui fait tant d'honneur étant
bien gardé, & tant de déshonneur au
contraire quand elle le garde mal ! Il
me semble, Guebron, dit Longarine,
qu'il ne faut pas avoir beaucoup de
vertu pour refuser un Cordelier. Il me
semble au contraire qu'il seroit impossible d'aimer ces sortes de gens.
Celles qui ne sont pas accoutumées,

repliqua Guebron, d'avoir des amans
comme vous en avez, ne méprisent
pas tant les Cordeliers. Ils font bien-
faits, vigoureux, gens de relais, par-
lans comme des Anges, & la plupart
importuns comme des diables. Ainsi
les grisettes qui échappent de leurs
mains ont bien de la vertu. Oh! par
ma foi, dit alors Nomerfide en hauf-
fant la voix, vous en direz tout ce
que vous voudrez ; mais j'aurois
mieux aimé qu'on m'eût jetté dans
la riviere, que de coucher avec un
Cordelier. Vous favez donc nager,
repartit Oyfille en riant ? Nomerfide
ne trouva pas cela bon, & croyant
qu'elle ne lui faifoit pas toute la juf-
tice qu'elle méritoit, elle répondit
avec chaleur. Il y en a qui ont refufé

H 4

des gens qui valent mieux que des Cordeliers, sans pourtant en faire sonner la trompette. Encore moins ont-ils fait battre le tambour de ce qu'ils ont fait, reprit Oysille, qui rioit de la voir fâchée. Je vois bien, dit alors Parlamente, que Simontault a envie de parler. Je lui donne ma voix, parce que je vois à son air qu'après deux tristes contes, il ne manquera pas de nous en dire un qui ne nous fera point pleurer. Je vous remercie, répondit Simontault; je vais vous montrer qu'il y a des femmes qui font les chastes à l'égard de certaines gens & pour quelque temps, qui font néanmoins dans le fond telles que va vous les représenter l'histoire véritable que vous allez entendre.

VI. CONTE.

Stratagême d'une femme qui fit éva-
der son galant, lorsque son mari,
qui étoit borgne, croyoit le sur-
prendre avec elle.

CHARLES, dernier Duc d'Alençon,
avoit un valet de chambre borgne
qui se maria avec une femme beaucoup plus jeune que lui. Le Duc & la
Duchesse aimoient ce valet autant que
domestique de cet ordre qui fût en
leur maison; ce qui étoit cause qu'il
ne pouvoit aller voir sa femme aussi
souvent qu'il l'eût voulu. La femme,
qui ne s'accommodoit pas d'une si lon-

gue abſence , oublia tellement ſon
honneur & ſa conſcience , qu'elle s'a-
mouracha d'un jeune Gentilhomme
du voiſinage. On en parla enfin , &
le bruit en fut ſi grand , qu'il par-
vint juſqu'au mari , qui ne pouvoit
le croire, tant ſa femme lui témoignoit
d'amitié. Il réſolut néanmoins un jour
de ſavoir ce qui en étoit , & de ſe
venger , s'il pouvoit , de celui qui lui
faiſoit cet affront. Pour cet effet, il
feignit d'aller en quelque lieu près
de là pour deux ou trois jours ſeulement. Il ne fut pas plutôt parti , que
ſa femme envoya querir le galant.
A peine avoient-ils été demi-heure
enſemble, que le mari arrive & heurte
de toute ſa force. La belle qui connut
bien que c'étoit ſon mari , le dit à

son amant, qui en fut si étonné, qu'il eût voulu être encore au ventre de sa mere. Comme il pestoit contr'elle & contre l'amour qui l'avoient exposé à un tel danger, la belle le rassura, & lui dit de ne se point mettre en peine ; qu'elle trouveroit moyen de le tirer d'affaire sans qu'il lui en coûtât rien, & qu'il n'avoit qu'à s'habiller le plus promptement qu'il pourroit. Le mari cependant heurtoit toûjours, & appelloit sa femme à tue-tête : mais elle faisoit semblant de ne le pas connoître. Que ne vous levez-vous, disoit-elle tout haut au valet, pour aller faire taire ceux qui font tant de bruit à la porte ? Est-il heure de venir chez des gens d'honneur ? Si mon mari étoit ici, il vous en empêcheroit bien. Le

mari entendant la voix de fa femme,
l'appella de toute fa force, & criant :
ma femme, ouvrez-moi, me ferez-
vous demeurer à la porte jufqu'au
jour ? Quand elle vit que fon amant
étoit prêt à fortir : ô mon mari, dit-
elle à fon époux, que je fuis aife que
vous foyez venu. Mon efprit s'occu-
poit à un fonge qui me faifoit le plus
grand plaifir que j'aie reçu de ma vie.
Il me fembloit que votre œil étoit
devenu bon. Sur cela elle l'embraffa
& le baifa, & le prenant par la tête,
elle lui fermoit d'une main fon bon
œil, & lui demandoit s'il ne voyoit
pas mieux que de coutume ? Pendant
que le mari avoit l'œil fermé, le galant s'évada. Le mari s'en défia, &
lui dit : Je ne vous obferverai plus,

ma femme, je croyois vous tromper;
mais j'ai été la dupe, & vous m'avez
fait le tour le plus fin qui ait jamais
été inventé. Dieu veuille vous con-
vertir, car il n'y a point d'homme
qui puisse ramener une méchante femme, à moins que de là faire mourir.
Mais puisque les égards que j'ai eu
pour vous n'ont pu vous rendre plus
sage, peut-être que le mépris avec
lequel je veux désormais vous regarder, vous sera plus sensible, & pro-
duira un meilleur effet. Après cela il
s'en alla, & la laissa bien étonnée.
Cependant les sollicitations des parens
& des amis, les excuses & les larmes
de la femme, l'obligerent de revenir
encore avec elle.

Vous voyez par-là, Mesdames;

combien une femme eft habile à fe tirer d'un mauvais pas. Si pour cacher un mal elle trouve promptement un expédient, je crois qu'elle feroit encore plus prompte & plus ingénieufe pour trouver moyen de s'empêcher de faire un bien; car, comme j'ai entendu dire, le bon efprit eft toujours le plus fort. Vous parlerez de fineffes tant que vous voudrez, dit Hircan ; mais je crois que fi la même chofe vous eût arrivé, vous n'auriez fu la cacher. J'aimerois autant, répondit Nomerfide, que vous diffiez tout net que je fuis la plus fotte femme du monde. Je ne dis pas cela, répliqua Hircan; mais je vous regarde comme une femme plus propre à s'alarmer d'un bruit, qu'à trouver finement

moyen de le faire ceſſer. Il vous ſemble, repartit Nomerſide, que tout le
monde eſt fait comme vous, qui,
pour étouffer un bruit, en faites courir un autre. Il eſt à craindre que la
couverture ne ruine enfin ſa compagnie, & que le fondement ne ſoit ſi
chargé de couvertures, que l'édifice
n'en ſoit renverſé. Mais quoique vous
paſſiez pour un homme fort fin, ſi
vous croyez que les hommes aient
plus de fineſſes que les femmes, je
vous cede mon rang pour nous en
compter quelqu'autre ; & même pour
nous apprendre bien des malices, vous
n'avez qu'à vous propoſer pour exemple. Je ne ſuis pas ici, répondit Hircan, pour me faire pire que je ne
ſuis, quoiqu'il y en ait qui en diſent

plus que je ne voudrois. En difant cela, il regarda fa femme. Que je ne vous empêche point, lui dit-elle d'abord, de dire la vérité : j'aime mieux vous entendre conter vos finefles, que de vous les voir faire : mais foyez affuré que rien ne peut diminuer l'amour que j'ai pour vous. Auffi ne me plains-je pas, répartit Hircan, des faux jugemens que vous avez faits de moi. Ainfi puifque nous nous connoiffons l'un l'autre, nous n'en ferons que plus tranquilles à l'avenir. Mais je ne fuis pas homme à conter de moi une hiftoire dont la vérité puiffe vous chagriner. Toutefois j'en dirai une d'une perfonne qui étoit bien de mes amis.

VII.

VII. CONTE.

Un Marchand de Paris trompa la mere de sa maitresse pour lui cacher ses amours.

Il y avoit à Paris un Marchand amoureux d'une fille de son voisinage, ou pour mieux dire, plus aimé d'elle, qu'elle ne l'étoit de lui : car il ne faisoit semblant de l'aimer que pour cacher une autre amourette plus relevée & plus honorable. Mais elle qui vouloit bien être trompée, l'aimoit tant qu'elle oublia la maniere avec laquelle les femmes ont coutume de refuser les hommes. Le Marchand, après s'être

long-temps donné la peine d'aller dans
les lieux où il pouvoit la trouver, la
faisoit venir à son tour où il vouloit.
La mere qui étoit une honnête femme s'en apperçut, & défendit à sa fille,
sous peine du Couvent, de ne jamais
parler à ce Marchand : mais la fille
qui aimoit plus le Marchand qu'elle
ne craignoit sa mere, fit encore pis
qu'auparavant. La fille étant un jour
seule en une garderobe, le Marchand
entra. Trouvant la belle en lieu commode, il se mit en devoir de l'entretenir de choses où il ne faut point de
témoins. Une servante qui avoit vu
entrer le galant, courut le dire à la
mere, qui vint au plus vîte interrom-
pre l'entretien. La fille l'entendant venir, dit au Marchand, les larmes aux

yeux : L'amour que j'ai pour vous , mon ami , va me coûter bon. Voici ma mere qui va se convaincre de ce qu'elle a toujours craint. Le Marchand sans s'étonner quitte incontinent la fille , va au-devant de la mere , lui saute au cou , l'embrasse le plus fort qu'il peut , & avec la fureur où la fille l'avoit déja mis , il jetta la bonne femme sur un petit lit. La pauvre vieille fut si surprise de cette maniere d'agir , qu'elle ne savoit que lui dire , sinon que voulez-vous faire ? Rêvez-vous ? Tout cela n'étoit pas capable de lui faire lâcher prise , comme si c'eût été la plus belle fille du mon-de : & sans qu'elle cria, & qu'à son cri les valets & les servantes vinrent à son secours , elle auroit passé par

où elle craignoit que sa fille passât.
Les domestiques tirerent la bonne
femme à force de bras d'entre les
mains du Marchand, sans que la pauvre créature ait jamais su ni pu savoir pourquoi il l'avoit ainsi tour-
mentée. Durant ce grabuge, la fille
se sauva chez une de ses voisines où
il y avoit noce. Le Marchand & sa
maitresse ont souvent ri aux dépens
de la bonne femme, qui ne s'apperçut jamais de leur commerce.

Vous voyez par-là, Mesdames,
qu'un homme a été assez fin pour
tromper une vieille & pour sauver
l'honneur d'une jeune. Si je vous nom-
mois les personnes, ou que vous eus-
siez vu la contenance du Marchand &
la surprise de la bonne vieille, vous

auriez eu la confcience bien-délicate
fi vous n'en aviez ri. Il fuffit que je
vous prouve par cette hiftoire que les
hommes ne font pas moins ingénieux
que les femmes pour inventer au Befoin des expédiens fur le champ : ainfi,
Mefdames , vous ne devez pas ap-
préhender de tomber entre leurs
mains, puifque vous voyez qu'ils trou-
vent des reffources qui mettent votre
honneur à couvert. Je confeffe , Hircan, répondit Longarine , que le conte
eft plaifant , & la rufe bien inventée ;
mais il ne s'enfuit pas pour cela que
ce foit un exemple que les filles doivent imiter. Je crois bien qu'il y en a
qui voudroient vous le faire trouver
bon ; mais vous êtes trop habile pour
vouloir que votre femme & votre fille,

I 3

desquelles vous aimez mieux l'honneur que le plaisir, jouassent à pareil jeu. Je crois qu'il n'y auroit personne qui les observât de plus près, & qui y remédiât plutôt que vous. En conscience, repliqua Hircan, si ma femme avoit fait la même chose, je ne l'estimerois pas moins, pourvu que je n'en susse rien. Je ne sais si quelqu'un n'a point fait un si bon tour : mais heureusement, comme j'ignore tout, je ne prens rien pour mon compte. Les méchans, dit alors Parlamente, sont toujours défians ; mais bienheureux sont ceux qui ne donnent pas sujet de se faire soupçonner. Je n'ai guere vu de feu, reprit Longarine, qui ne fît quelque fumée ; mais j'ai bien vu de la fumée où il n'y avoit point

de feu ; car auſſi ceux qui ont le cœur
mauvais , ſoupçonnent également
quand il y a du mal , & quand il n'y
en a point. Vous avez , Longarine ,
ajouta Hircan , ſi bien ſoutenu les
Dames injuſtement ſoupçonnées , que
je vous donne ma voix pour dire votre Conte. J'eſpere que vous ne nous
ferez pas pleurer, comme a fait Madame Oyſille , par trop louer les femmes de bien. Puiſque vous avez envie
que je vous faſſe rire à mon ordinaire , repliqua Longarine , en riant de
tout ſon cœur, ce ne ſera pas aux dépens du ſexe. Je vous ferai voir combien il eſt aiſé de tromper des femmes jalouſes qui croient être aſſez ſages pour tromper leurs maris.

I 4

VIII. CONTE.

*D'un homme qui ayant couché avec
sa femme, pensant coucher avec sa
servante, y envoya son voisin qui
le fit cocu sans que sa femme en sûe
rien.*

Il y avoit dans la Comté d'Allez un
nommé Bornet, qui avoit épousé
une femme vertueuse, de laquelle il
aimoit l'honneur & la réputation,
comme font, je crois, de leurs femmes tous les maris qui font ici. Quoiqu'il voulût que sa femme lui fût fidelle, il ne vouloit pas être obligé à
la même fidélité. En effet il s'amou-

racha de sa servante. Ce qu'il craignoit
dans ce changement étoit que la di-
versité des viandes ne lui plût pas. Il
avoit un voisin de même étoffe que lui,
nommé Sandras, Tambour & Tail-
leur de son métier. Il y avoit entr'eux
une si parfaite amitié, que tout étoit
commun hormis la femme. Bornet
déclara donc à son ami le dessein qu'il
avoit fait sur la servante. Non-seule-
ment il l'approuva, mais fit même ce
qu'il put pour le faire réussir dans l'espérance d'avoir part au gâteau. La servante qui ne vouloit point y entendre, se voyant persécutée de tous cô-
tés, s'en plaignit à sa maitresse, &
la pria de trouver bon qu'elle s'en allât chez ses parens, ne pouvant plus
vivre dans cette persécution. La mai-

treſſe qui aimoit beaucoup ſon mari,
& duquel elle étoit déjà jalouſe, fut
bien-aiſe d'avoir ce reproche à lui faire, & de pouvoir lui montrer que c'é-
toit avec raiſon qu'elle le ſoupçonnoit.
Pour cet effet, elle obligea la ſervante de ménager le terrein, de faire
eſpérer peu à peu, & de promettre
enfin au mari de coucher avec lui dans
la garderobe. Pour le reſte, dit-elle,
c'eſt mon affaire. Je ferai en ſorte que
vous n'y ſerez pour rien, pourvû que
vous me faſſiez ſavoir la nuit qu'il de-
vra venir, & qu'ame vivante n'en ſache rien. La ſervante exécuta fidéle-
ment l'ordre de ſa maitreſſe, & le
maître en fut ſi aiſe, qu'il alla d'abord
porter cette bonne nouvelle à ſon
ami, qui le pria que, puiſqu'il avoit

été du marché, il fût auffi lu plaifir.
La promeffe faite & l'heure venue,
le maître s'en alla coucher, à ce qu'il
penfoit, avec la fervante. Mais fa femme, qui avoit renoncé à l'autorité de
commander pour avoir le plaifir de
fervir, avoit pris la place de la fervante, & reçut fon mari, non comme femme, mais faifant l'étonnée,
& la faifant fi bien, que fon mari ne
fe défia de rien. Je ne faurois vous
dire lequel étoit le plus aifé des deux,
lui de croire tromper fa femme, ou
elle de croire tromper fon mari.

Après avoir demeuré avec elle,
non autant qu'il voulut, mais autant
qu'il put, car il fentoit le vieux marié, il fortit de la maifon, & alla
trouver fon ami, plus jeune & plus

vigoureux que lui, & lui conta le bon repas qu'il venoit de faire. Vous savez, lui dit l'ami, ce que vous m'avez promis. Allez donc vîte, dit le maître, de peur qu'elle ne se leve, ou que ma femme n'ait besoin d'elle. Le compagnon ne perdit pas de temps. Il y alla, & trouva la même servante que le mari n'avoit pas reconnue. Comme elle le prenoit pour son mari, elle lui laissa faire tout ce qu'il voulut, & tout cela sans dire un seul mot de part ni d'autre. Celui-ci fit bien plus longue séance que le mari ; de quoi la femme s'étonna fort, n'étant pas accoutumée d'être si bien régalée. Elle prit cependant le tout en patience, se consolant sur la résolution qu'elle avoit faite de lui parler le lendemain,

& de se moquer de lui. L'ami déni-
cha vers le point du jour ; mais ce ne
fut pas sans prendre le vin de l'étrier.
Durant la cérémonie, il lui prit du
doigt l'anneau avec lequel son mari
l'avoit épousée, ce que les femmes
de ce pays gardent avec beaucoup de
superstition, & font grand cas d'une
femme qui garde cet anneau jusqu'à
le mort. Et si par hasard elle le perd,
elle est regardée comme ayant donné
sa foi à un autre qu'à son mari. Elle
fut bien aise qu'il lui prît cet anneau,
espérant que ce seroit une preuve de
la tromperie qu'elle lui avoit faite.
Quand l'ami eut rejoint le mari, il
lui demanda ce qu'il en disoit. Je n'ai
rien vu de plus gentil, répondit l'ami,
& si je n'avois pas eu peur que le jour

m'eût furpris, je n'en ferois pas fi-tôt
revenu. Cela dit, ils fe coucherent &
repoferent le plus tranquillement
qu'ils purent. En fe levant, le mari
s'apperçut que fon ami avoit au doigt
l'anneau qu'il avoit donné à fa femme en l'époufant. Il lui demanda qui
lui avoit donné cet anneau? Il fut fort
furpris d'apprendre qu'il l'avoit pris
au doigt de la fervante. Me ferois-je
fair cocu moi-même, & fans que ma
femme en ait rien fu, dit alors le mari
en fe donnant de la tête contre la mu-
raille? Peut-être, répondit l'ami pour
le confoler, votre femme donna-t-elle
hier au foir fon anneau à garder à la
fervante. Le mari s'en va chez lui, &
trouve fa femme plus belle & plus
gaie qu'à l'ordinaire, ravie qu'elle

étoit d'avoir empêché sa servante de
faire un péché , & d'avoir éprouvé
son mari sans y rien perdre que de
passer une nuit sans dormir. Le mari
la voyant si enjouée : si elle savoit
l'aventure , dit-il en soi-même , elle
ne me feroit pas si bon visage. L'en-
tretenant de plusieurs choses, il la prit
par la main , & vit qu'elle n'avoit
point l'anneau qu'elle portoit toujours au doigt. Il en demeura tout in-
terdit , & lui demanda d'une voix
tremblante ce qu'elle avoit fait de son
anneau ? Elle bien aise qu'il lui don-
nât sujet d'entrer en matiere : O le
plus méchant de tous les hommes, lui
dit-elle ! A qui pensez-vous l'avoir
ôté ? Vous avez crû l'ôter à la servante, & faire plus pour elle que vous

n'avez jamais fait pour moi. La première fois que vous êtes venu coucher avec elle, je vous ai cru aussi amoureux d'elle qu'il étoit possible. Mais après que vous fûtes sorti & revenu pour la seconde fois, il sembloit que vous fussiez un diable sans ordre ni mesure. Par quel aveuglement, malheureux, vous êtes-vous avisé de me tant louer ? Il y a long-temps que je suis à vous, & que vous ne vous souciez guere de moi. Est-ce la beauté & l'embonpoint de votre servante qui vous ont fait trouver le plaisir si agréable ? Non, infame, c'est le crime & le feu de vos desirs déréglés qui brûle votre cœur, & vous étourdit tellement de l'amour de la servante, que dans la fureur où vous étiez, je crois

que

que vous auriez pris une chevre coif-
fée pour une belle fille. Il eſt temps,
mon mari, de vous corriger, & de
vous contenter de moi, qui ſuis votre
femme, & , comme vous ſavez, femme d'honneur. Penſez à ce que vous
avez fait lorſque vous m'avez priſe
pour une femme vicieuſe. Mon uni-
que but en cela a été de vous retirer
du vice, afin que ſur nos vieux jours
nous puſſions vivre en bonne amitié
& repos de conſcience ; car ſi vous
voulez continuer la vie que vous avez
faite juſqu'ici, j'aime mieux me ſé-
parer, que de vous voir marcher tous
les jours dans le chemin de l'enfer,
& uſer en même-temps votre corps
& vos biens. Mais s'il vous plaît d'en
agir mieux, de craindre Dieu, & de

Tome I. K

garder ſes Commandemens , je veux bien oublier le paſſé, comme je veux que Dieu oublie l'ingratitude dont je ſuis coupable de ne l'aimer pas autant que je dois.

Qui fut bien étonné & bien conſterné , ce fut le pauvre mari. Il étoit au déſeſpoir, quand il ſongeoit qu'il avoit quitté ſa femme qui étoit belle, chaſte , vertueuſe , & toute pleine d'affection pour lui , pour une autre qui ne l'aimoit pas, Mais c'étoit bien autre choſe , quand il ſe repréſentoit qu'il avoit été aſſez malheureux pour la faire ſortir du chemin de la vertu malgré elle & à ſon inſu , pour partager avec un autre des plaiſirs qui n'étoient que pour lui , & pour avoir été lui-même l'inſtrument de ſon

déshonneur. Mais voyant fa femme
affez en colere de l'amour qu'il avoit
fait paroître pour fa fervante , il n'eut
garde de lui dire le vilain tour qu'il
lui avoit fait. Il lui demanda pardon ,
lui promit de réparer le paffé par une
conduite fage , & lui rendit fon anneau qu'il avoit repris à fon ami ,
qu'il pria de ne rien dire de ce qui
s'étoit paffé. Mais comme avec le temps
tout fe fait, on fut enfin toutes les cir-
conftances de l'aventure , & s'il ne fut
pas appellé cocu , c'eft qu'on ne voulut pas faire ce déplaifir à fa femme.

Il me femble , Mefdames , que fi
tous ceux qui ont fait à leurs femmes
une pareille infidélité, étoient punis
de même , Hircan & Saffredant de-
vroient avoir grande peur. Quais ,

Longarine, répondit Saffredant, fom-
mes-nous, Hircan & moi, les feuls de
la compagnie mariés ? Vous n'êtes
pas les feuls mariés, repliqua Longarine, mais vous êtes bien les feuls
capables de faire un femblable tour.
Qui vous a dit, reprit Saffredant,
que nous ayons voulu débaucher les
fervantes de nos femmes? Si celles qui
y ont intérêt, ajouta Longarine, vouloient dire la vérité, il fe trouveroit
bien des fervantes qu'on a congédiées
avant leur temps. Vous êtes affuré-
ment plaifante, interrompit Guebron, vous avez promis à la compagnie de la faire rire, & au lieu de
cela, vous chagrinez ces Meffieurs.
C'eft la même chofe, repartit Longarine : pourvu qu'ils n'en viennent pas

aux épées , leur colere ne laiſſera pas
de nous faire rire. Si nos femmes , dit
Hircan , s'amuſoient à cette Dame ,
il n'y a point de bon menage en la
compagnie qu'elle ne brouillât. Je ſais
bien devant qui je parle , répondit
Longarine : vos femmes ſont ſi ſages,
& vous aiment tant , que quand vous
leur feriez porter des cornes auſſi grandes que celles d'un daim , elles croiroient & voudroient faire accroire aux
autres que ce ſont des chapeaux de
roſes. La compagnie , & même les
Dames intéreſſées , ſe mirent ſi fort
à rire , que la converſation auroit fini
là , ſi Dagoucin , qui n'avoit encore
rien dit, ne s'étoit aviſé de dire: L'homme eſt bien peu raiſonnable , d'avoir
de quoi ſe contenter, & de ne ſe con-

K 3

tenter pas. J'ai souvent vu des gens qui penſant être mieux, étoient encore plus mal, pour ne ſavoir pas ſe contenter de la raiſon. Ces gens-là ne ſont point à plaindre; car enfin l'inconſtance eſt toujours condamnable. Mais que feriez-vous, dit Simontault, à ceux qui n'ont pas trouvé leur moitié? Appelleriez-vous inconſtance, de la chercher par-tout où l'on peut la trouver? Comme il eſt impoſſible de ſavoir, repliqua Dagoucin, où eſt cette moitié dont l'union eſt ſi égale, que l'un ne diffère pas de l'autre, il faut s'en tenir où l'amour attache, & ne changer, quoi qu'il arrive, ni de cœur ni de volonté; car ſi celle que vous aimez eſt ſi ſemblable à vous, & n'a que la même volonté, vous

vous aimerez vous-même, & non pas
elle. Quand on n'aime une femme,
Dagoucin, dit Hircan, que parce
qu'elle a de la beauté, des agrémens,
& du bien, & que la fin que nous
nous proposons est le plaisir, les honneurs ou les richesses, un tel amour
n'est pas de longue durée ; car le principe qui nous fait aimer venant à cesser, l'amour s'envole tout aussi-tôt.
Je demeure donc persuadé que celui
qui aime, & qui n'a d'autre fin &
d'autre desir que de bien aimer, mour-
ra plutôt que de cesser d'aimer. De
bonne foi, Dagoucin, dit alors Simontault, je ne crois pas que vous
ayez jamais été amoureux. Si vous
aviez passé par-là comme les autres,
vous ne nous peindriez pas ici la Ré-

K 4

publique de Platon, fondée sur de
beaux discours, & sur peu ou point
d'expérience. Si j'ai aimé, j'aime encore, repliqua Dagoucin, & j'aime-
rai toute ma vie. Mais j'ai si grande
peur que la démonstration fasse tort
à la perfection de mon amour, que
je crains que mon amour ne vienne
à la connoissance de celle de qui je
devrois pareillement souhaiter d'être
aimé. Je n'ose même penser que je
l'aime, de peur que mes yeux ne tra-
hissent le secret de mon cœur, plus
je cache mon feu, plus je trouve de
plaisir à sentir que j'aime parfaitement. Je crois pourtant, dit Guebron, que vous feriez bien aise d'être
aimé. Je l'avoue, repartit Dagoucin:
mais quand je serois autant aimé que

j'aime, comme mon amour ne sauroit diminuer, quoique j'aime beaucoup & que je ne sois point aimé, aussi ne sauroit-il augmenter quand je serois autant aimé que j'aime. Parlamente, à qui cette fantaisie étoit suspecte, lui dit alors : Prenez garde, Dagoucin, j'en ai vu d'autres qui ont mieux aimé mourir que de parler. Ceux-là s'estiment donc heureux, répondit Dagoucin? Oui, repliqua Saffredant, & dignes au surplus d'être mis au rang des innocens pour qui l'Eglise chante, *non loquendo, sed moriendo confessi sunt.* J'ai beaucoup entendu parler de ces amoureux transis, mais je n'en ai pas vu encore mourir un seul. Puisque j'en suis revenu après bien des ennuis soufferts, je ne

crois pas qu'un autre en puiſſe jamais
mourir. Ah ! Saffredant, dit Dagoucin, voulez-vous donc être aimé,
puiſque ceux qui ſont de votre ſentiment n'en meurent point ? J'en ſai
bon nombre d'autres qui ne ſont morts
que pour avoir trop aimé. Puiſque
vous en ſavez les hiſtoires, dit alors
Longarine, je vous donne ma voix
pour nous en conter une belle. Afin
que ma parole, dit Dagoucin, ſuivie
de ſignes & miracles, puiſſe vous faire
ajouter foi à ce que je vais vous dire,
je veux vous conter une hiſtoire qui
n'eſt arrivée que depuis trois ans.

IX. CONTE.

Mort déplorable d'un Gentilhomme amoureux, pour avoir su trop tard qu'il étoit aimé de sa maitresse.

Entre le Dauphiné & la Provence, il y avoit un Gentilhomme beaucoup mieux partagé des dons de la nature & de l'éducation, que des biens de la fortune. Il aimoit avec passion une Demoiselle dont je ne dirai pas le nom, à cause de ses parens qui sont de bonnes & grandes maisons : mais cómptez que le fait est véritable. Comme il n'étoit pas d'aussi bonne maison qu'elle, il n'osoit lui déclarer son amour. Quoique la disproportion

de la naiſſance le fit déſeſpérer de
pouvoir jamais l'épouſer, néanmoins
l'amour qu'il avoit pour elle étoit ſi
honnête & ſi raiſonnable, qu'il eût
mieux aimé mourir, que de lui demander rien qui eût pu compromettre
ſon honneur. Il ne l'aimoit donc que
parce qu'il la trouvoit parfaitement
aimable; ce qu'il fit ſi long-temps,
qu'elle en eut enfin quelque connoiſ-
ſance. Voyant donc que l'amour qu'il
avoit pour elle n'étoit fondé que ſur
la vertu, elle ſe crut heureuſe d'être
aimée d'un ſi honnête homme. Elle
le recevoit ſi bien, que lui, qui n'avoit
pas tout-à-fait compté ſur cela, étoit
ravi d'aiſe. Mais l'envie, ennemie de
tout repos, ne put ſouffrir une ſo-
ciété ſi honnête & ſi douce. Quel-

qu'un fut dire à la mere de la fille,
qu'on étoit surpris que le Gentilhomme allât si souvent chez elle , qu'on
disoit que la beauté de sa fille l'y at-
tiroit, & qu'on les avoit souvent vu
ensemble. La mere qui étoit fort assurée de la probité du Gentilhomme,
fut fort marrie d'apprendre qu'on ex-
pliquât mal les visites qu'il faisoit chez
elle : mais enfin craignant le scandale
& les mauvaises langues, elle le pria
de discontinuer pour quelque temps
de lui faire l'honneur de la venir voir.
Il trouva ce compliment d'autant plus
mauvais , que la maniere honnête &
respectueuse dont il en avoit usé avec
sa fille , ne méritoit rien moins que
cela. Cependant, pour étouffer les
mauvais bruits, il se retira tout-à-fait,

& ne revint que quand on eut ceffé
de caufer. L'abfence ne diminua rien
de fon amour: mais un jour qu'il étoit
chez fa maitreffe, il entendit qu'on
parloit de la marier avec un Gentilhomme, qu'il ne croyoit pas plus riche que lui, & par conféquent pas
plus en droit de prétendre à la belle.
Il commença de prendre cœur, &
employa fes amis pour parler de fa
part, dans l'efpérance que fi on laiffoit choifir la Demoifelle, elle le pré-
féreroit à fon rival. Mais comme le
dernier étoit beaucoup plus riche, la
mere & les parens de la fille lui don-
nerent la préférence. Le Gentilhomme, qui favoit que fa maitreffe perdoit autant que lui, eut tant de déplaifir de fe voir exclus, que fans au-

tre mal il commença à décheoir, &
changea de telle forte, qu'on eût dit
qu'il avoit la mort peinte fur le vifage, & qu'il alloit mourir de moment en moment. Cela n'empêchoit
pourtant pas qu'il ne parlât quelque-
fois à celle qu'il aimoit plus que foi-
même. Mais enfin n'ayant plus de
forces, il fut contraint de garder le
lit, & ne voulut jamais qu'on en don-
nât avis à fa maitreffe, pour lui épargner l'ennui qu'elle en pourroit recevoir. Il s'abandonna tellement à fon
défefpoir, qu'il ne mangeoit, ne bu-
voit, ne dormoit ni ne repofoit: auffi
devint-il fi maigre & fi défiguré, qu'il
n'étoit plus connoiffable. Quelqu'un
en avertit la mere de la Demoifelle
qui étoit fort charitable, & avoit

d'ailleurs tant d'estime pour le Gentilhomme, que si les parens eussent
été de son avis & de l'avis de la fille,
l'honnêteté du malade eût été préfé-
rée aux prétendus biens de l'autre :
mais les parens paternels n'y voulurent jamais entendre. Cependant elle
alla avec sa fille voir le pauvre Gentilhomme, qu'elle trouva plus mort
que vif. Comme il connoissoit que la
fin de sa vie approchoit, il s'étoit con-
fessé & avoit communié, croyant de
ne plus voir personne : mais voyant
encore celle qui étoit sa vie & sa ré-
surrection, les forces luj revinrent
de maniere, qu'il se leva d'abord sur
son séant, & dit : Qu'est-ce qui vous
amene ici, Madame ? & d'où vient
que vous venez voir un homme qui

a déjà un pied dans la foſſe, & que vous faites mourir ? Quoi! répondit la Dame, ſeroit-il poſſible que nous fiſſions mourir une perſonne que nous aimons tant? Dites-moi, je vous prie, pourquoi vous parlez de cette maniere ? J'ai caché tant que j'ai pu, Madame, l'amour que j'ai pour Mademoiſelle votre fille ; cependant mes parens qui vous l'ont demandée en mariage, ont été plus loin que je ne voulois, puiſque j'ai eu par-là le malheur de perdre eſpérance. Je dis malheur, non par rapport à ma ſatisfaction particuliere, mais parce que je ſais que perſonne ne la traitera jamais ſi bien, ni ne l'aimera jamais comme j'aurois fait. La perte qu'elle fait du meilleur & plus fidele ſerviteur &

Tome I. L

ami qu'elle ait au monde, m'est plus
sensible que la perte de ma vie, que je
voulois conserver pour elle seule. Néanmoins, comme désormais elle ne peut
lui servir de rien, je gagne beaucoup
en la perdant. La mere & la fille tâ-
cherent de le consoler. Prenez courage, mon ami, lui dit la mere, je vous
promets que si Dieu vous redonne la
santé, ma fille n'aura jamais d'autre
mari que vous; elle est présente, &
je lui ordonne de vous en faire la promesse. La fille, en pleurant, l'assura
de ce que sa mere lui promettoit;
mais lui, connoissant que quand Dieu
lui redonneroit sa santé il n'auroit pas
sa maitresse, & qu'on ne lui donnoit ces espérances que pour tâcher de
le faire revenir, leur dit : Si vous m'a-

viez parlé de cette maniere, il y a trois mois, j'aurois été le plus sain & le plus heureux Gentilhomme de France ; mais ce secours vient si tard, que je ne puis ni le croire ni l'espérer. Mais voyant qu'elles faisoient des efforts pour le persuader, il leur dit encore : Puisque vous me promettez un bien dont la foiblesse où je suis ne me permet pas de profiter, quand même vous le voudriez bien, je vous en demande un beaucoup moindre que je n'ai osé vous demander. Toutes deux lui jurerent alors qu'elles le lui accorderoient, & qu'il pouvoit demander hardiment. Je vous supplie, continua-t-il, de me donner entre mes bras celle que vous me promettez pour femme, & de lui ordonner de

m'embraſſer & de me baiſer. La fille,
qui n'étoit pas accoutumée à ces for-
tes de careſſes, fut ſur le point d'en
faire difficulté ; mais ſa mere le lui
commanda expreſſément, voyant qu'il
n'y avoit plus en lui, ni ſentiment,
ni forces d'homme vivant. Après un
tel commandement , la fille s'avança
ſur le lit du malade. Réjouiſſez-vous,
mon ami, lui dit - elle, réjouiſſez-
vous, je vous en conjure. Le pauvre
languiſſant malgré ſon extrême foi-
bleſſe, étendit le plus fort qu'il put
ſes bras maigres & décharnés , em-
braſſa de toute ſa force celle qui étoit
la cauſe de ſa mort , & appliquant ſa
froide & pâle bouche ſur la ſienne,
il la tint le plus long-temps qu'il put,
& lui dit enfin : Je vous ai aimé d'un

amour si grand & si honnête, qu'au mariage près je n'ai jamais souhaité de vous d'autre faveur que celle que je reçois maintenant. Mais comme Dieu n'a pas jugé à propos de nous unir par le mariage, je rends avec joie mon ame à celui qui est amour & parfaite charité, & qui sait combien je vous ai aimée, & combien mes desirs ont été honnêtes, le suppliant que, puisqu'il m'a fait la grace d'avoir entre mes bras le cher objet de mes desirs, il lui plaise de recevoir mon ame en ses bonnes mains. En disant cela, il la reprit entre ses bras avec une telle véhémence, que son cœur affoibli ne pouvant soutenir cet effort, fut abandonné de tous ses esprits; car la joie le dilata tellement, que son ame s'envola à son Créateur. Quoiqu'il y eût déjà du temps que le pauvre Gentilhomme étoit expiré, & ne pût par conséquent retenir sa charmante homicide, l'amour qu'elle avoit toujours caché, éclata tellement dans cette touchante conjoncture, que la mere & les domestiques eurent bien de la peine à détacher du corps la vivante presque morte. Le pauvre Gentilhomme fut enterré honorablement; mais le plus grand triomphe des obsèques furent les larmes & les cris de cette pauvre Demoiselle, qui éclata après sa mort autant qu'elle s'étoit cachée durant sa vie, comme si elle eût voulu lui faire réparation du tort qu'elle lui avoit fait. On m'a dit que quelque mari qu'on ait voulu lui donner pour la confoler , elle n'a jamais eu depuis de véritable joie.

Ne vous femble-t-il pas , Meffieurs , qui n'avez pas voulu m'en croire , que cet exemple fuffit pour vous faire avouer qu'un amour parfait trop caché & trop peu connu mene les gens au tombeau ? Il n'y a perfonne de vous qui ne connoiffe les parens de part & d'autre : ainfi vous ne fauriez douter du fait ; mais ce font de ces chofes qu'on ne croit qu'après en avoir fait l'expérience. Hircan voyant que les Dames pleuroient : voilà , dit-il , le plus grand fou dont j'aie jamais entendu parler. Eft-il raifonnable en bonne foi que nous mourions pour les femmes qui ne font faites que pour nous , & que nous craignions de leur demander ce que Dieu leur commande de nous donner. Je ne parle pas pour moi ni pour les autres qui sont mariés ; car pour moi j'ai autant ou plus de femme qu'il ne m'en faut : mais je dis ceci pour ceux qui en ont besoin. Ils sont, ce me semble, bien sots de craindre celles qui les doivent craindre. Ne voyez-vous pas que cette fille se repentit de son imprudence? puisqu'elle embrassoit le mort, ce qui répugne à la nature, comptez qu'elle eût encore mieux embrassé le vivant, s'il eût eu autant de hardiesse qu'il fit de pitié en mourant. Avec cela, dit Oysille, il fit voir qu'il l'aimoit honnêtement ; & c'est de quoi il sera éternellement louable ; car la chasteté dans un cœur

amoureux eſt une choſe plus divine
qu'humaine. Madame, répondit Saffredant, pour confirmer ce qu'Hircan
venoit de dire, je vous prie de croire
que la fortune favoriſe ceux qui ſont
hardis, & qu'il n'y a point d'homme
aimé d'une Dame, qui n'en obtienne
enfin ce qu'il demande, ou en tout,
ou en partie, pourvu qu'il ſache s'y
prendre ſagement & amoureuſement :
mais l'ignorance & la timidité font
perdre aux hommes beaucoup de bonnes fortunes. Ce qu'il y a de ſingulier,
eſt qu'ils attribuent leur perte à la vertu
de leur maitreſſe, qu'ils n'ont jamais
mis à la moindre épreuve. Comptez,
Madame, que jamais place n'a été
bien attaquée ſans être priſe. Je ſuis
ſurpriſe, dit alors Parlamente, que

deux hommes comme vous ofent tenir un pareil langage. Celles que vous
avez aimées ne vous font gueres obli-
gées, ou vous avez employé votre
adreffe fur des fujets fi faciles, que
vous avez cru que toutes les autres
étoient de même. Pour moi, Madame, repliqua Saffredant, j'ai le malheur de n'avoir pas de quoi me van-
ter; mais j'attribue bien moins mon
malheur à la vertu des Dames, qu'à
la faute que j'ai faite de n'avoir pas
affez fagement entrepris, ou conduit
mes entreprifes avec affez de pruden-
ce. Je ne produirai pour toute autorité que la vieille du Roman de la
Rofe, qui dit : *Sans contredit, Mef-*
fieurs, nous fommes faits toutes pour
tous, & tous pour toutes. Ainfi je fuis

perfuadé que fi une femme eft une fois amoureufe, l'Amant en viendra à bout, à moins qu'il ne foit une bête. Je vous en nommerois une, repartit Parlamente, qui aime bien, qui fut bien follicitée, preffée & importunée, & demeura pourtant femme de bien, victorieufe de fon amour & de fon amant. Direz-vous que ce fait, qui eft la vérité même, eft impoffible? Sans doute, je le dis, continua Saffredant. Vous êtes bien incrédule, dit encore Parlamente, fi vous ne croyez l'exemple que Dagoucin vient de propofer. Puifque je vous prouve par un fait certain, reprit Dagoucin, l'amour vertueux d'un Gentilhomme qui fe foutint jufqu'au dernier foupir, je vous prie, Madame, fi vous favez quelqu'autre histoire à l'honneur de quelque Dame, de vouloir bien nous la conter pour finir la journée. Ne vous embarrassez point de la longueur, car il y a encore assez de temps pour dire beaucoup de bonnes choses. Puisque je dois finir la journée, dit Parlamente, je ne vous ferai pas long préambule, mon histoire étant si bonne, si fidelle & si véritable, que je voudrois déja vous l'avoir contée. Je n'en ai pas été le témoin oculaire ; mais je la tiens d'un des intimes amis du Héros, qui me la raconta, à condition que si je la contois à mon tour, je changerois le nom des personnes. Ainsi tout ce que je vais vous dire est vrai, hormis les noms, les lieux & le pays.

Fin du Tome premier.